Aktuelle und klassische Sozial- und Kulturwissenschaftler|innen

Reihe herausgegeben von
S. Moebius, Graz, Österreich

Die von Stephan Moebius herausgegebene Reihe zu Kultur- und SozialwissenschaftlerInnen der Gegenwart ist für all jene verfasst, die sich über gegenwärtig diskutierte und herausragende Autorinnen und Autoren auf den Gebieten der Kultur- und Sozialwissenschaften kompetent informieren möchten. Die einzelnen Bände dienen der Einführung und besseren Orientierung in das aktuelle, sich rasch wandelnde und immer unübersichtlicher werdende Feld der Kultur- und Sozialwissenschaften. Verständlich geschrieben, übersichtlich gestaltet – für Leserinnen und Leser, die auf dem neusten Stand bleiben möchten.

Weitere Bände in der Reihe http://www.springer.com/series/12187

Oliver Neun

Zur Aktualität von C. Wright Mills

Einführung in sein Werk

Oliver Neun
Fachgruppe Soziologie
Universität Kassel
Kassel, Deutschland

Aktuelle und klassische Sozial- und Kulturwissenschaftler|innen
ISBN 978-3-658-22375-5   ISBN 978-3-658-22376-2 (eBook)
https://doi.org/10.1007/978-3-658-22376-2

Die Deutsche Nationalbibliothek verzeichnet diese Publikation in der Deutschen National-
bibliografie; detaillierte bibliografische Daten sind im Internet über http://dnb.d-nb.de abrufbar.

Springer VS
© Springer Fachmedien Wiesbaden GmbH, ein Teil von Springer Nature 2019
Das Werk einschließlich aller seiner Teile ist urheberrechtlich geschützt. Jede Verwertung, die nicht ausdrücklich vom Urheberrechtsgesetz zugelassen ist, bedarf der vorherigen Zustimmung des Verlags. Das gilt insbesondere für Vervielfältigungen, Bearbeitungen, Übersetzungen, Mikroverfilmungen und die Einspeicherung und Verarbeitung in elektronischen Systemen.
Die Wiedergabe von Gebrauchsnamen, Handelsnamen, Warenbezeichnungen usw. in diesem Werk berechtigt auch ohne besondere Kennzeichnung nicht zu der Annahme, dass solche Namen im Sinne der Warenzeichen- und Markenschutz-Gesetzgebung als frei zu betrachten wären und daher von jedermann benutzt werden dürften.
Der Verlag, die Autoren und die Herausgeber gehen davon aus, dass die Angaben und Informationen in diesem Werk zum Zeitpunkt der Veröffentlichung vollständig und korrekt sind. Weder der Verlag noch die Autoren oder die Herausgeber übernehmen, ausdrücklich oder implizit, Gewähr für den Inhalt des Werkes, etwaige Fehler oder Äußerungen. Der Verlag bleibt im Hinblick auf geografische Zuordnungen und Gebietsbezeichnungen in veröffentlichten Karten und Institutionsadressen neutral.

Springer VS ist ein Imprint der eingetragenen Gesellschaft Springer Fachmedien Wiesbaden GmbH und ist ein Teil von Springer Nature
Die Anschrift der Gesellschaft ist: Abraham-Lincoln-Str. 46, 65189 Wiesbaden, Germany

Inhaltsverzeichnis

Einleitung		1
1	**Zur Biographie von C. Wright Mills**	**3**
2	**Mills' Schriften zur Wissenssoziologie und zur Massenkommunikation**	**7**
2.1	Mills' Schriften zur Wissenssoziologie	7
2.2	Mills' Schriften zur Massenkommunikation	10
3	**Mills und die „New York Intellectuals" (NYI)**	**13**
	„The Making" des öffentlichen Soziologen C. Wright Mills	
3.1	Mills und der Kreis der „New York Intellectuals" (NYI)	13
3.2	Erste Artikel von Mills in den Zeitschriften der NYI	16
4	**Mills' und Hans Gerths Weber-Interpretation und Sozialpsychologie**	**21**
4.1	„From Max Weber"	21
4.2	„Character and Social Structure"	25
5	**Mills' Gesellschaftstrilogie**	**31**
5.1	Frühe Rezensionen von Mills	31
5.2	„The New Men of Power"	33
5.3	„White Collar"	38
5.4	„The Power Elite"	51

6	**Mills' Soziologie der Soziologie**	**57**
	6.1 „Two Styles of Social Science Research" und „IBM plus Reality plus Humanism = Sociology"	57
	6.2. „The Sociological Imagination".	59
7	**Mills' Klassikerinterpretationen**	**73**
	7.1 „Images of Man"	73
	7.2 „The Marxists".	75
8	**Mills' politische Schriften**	**79**
	8.1 „The Causes of World War Three"	79
	8.2 „Listen, Yankee"	84
	8.3 „Letter to the New Left"	85
9	**Mills' Fragmente**	**89**
10	**Zur Wirkung und Aktualität von Mills**	**93**
	10.1 Zur Wirkung von Mills	93
	10.2 Zur Aktualität von Mills	98
	Archivalien	**109**
	Literatur	**111**

Einleitung

C. Wright Mills gilt als einer der wichtigsten amerikanischen „public intellectual" der 1940er bzw. 1950er Jahre und deshalb als „model for those who wish to become public and political intellectuals" (Aronowitz 2012, S. 5; vgl. Etzioni 2006, S. 5). Darüber hinaus nimmt er eine zentrale Stellung in der amerikanischen Soziologie dieser Zeit ein, die Mitte der 1950er Jahre von ihm und Talcott Parsons dominiert wird (Trevino 2012, S. XI.). Kurz nach seinem Tod 1962 bezeichnet Horowitz (1963, S. 5) ihn daher als wahrscheinlich den „most widely known and best respected American social scientists" in Europa, Asien und speziell Lateinamerika.

In den letzten 15 Jahren sind u.a. auch im Zuge der neueren Debatte um eine „public sociology" mehrere Monographien zu seinem Schaffen (Brewer 2003; Hayden 2006; Kerr 2009; Geary 2009; Aronowitz 2012; Trevino 2012, 2017; Denord und Réau 2014; Dunn 2018), eine neue Auswahl seiner Schriften (Mills 2008a), Wiederauflagen mehrerer seiner Arbeiten (Mills 2000b, 2000c, 2002; Weber 2014), eine Edition seiner Briefe (Mills 2000a) und Sammelbände zu seinem Werk erschienen (Aronowitz 2004a, 2004b, 2004c; Scott und Nilsen 2013; Oakes 2016a), weshalb von einem Mills-„Revival" seit der Jahrhundertwende gesprochen wird (Wrong 2001, S. 61; Trevino 2012, S. 18; Aronowitz 2012, S. 4).

Er bleibt aber noch 50 Jahre nach seinem Tod einer der „most […] controversial social thinkers of our time", da in der Literatur bis noch vor kurzem eine starke Polarisierung in der Rezeption zu beobachten ist (Aronowitz 2012, S. 3; vgl. Tilman 2004, S. 244; Summers 2008c, S. 267; Oakes 2016b, S. 3). Auch sein Charakter trug zu diesem umstrittenen Bild bei, weil er eine „abrasive, domineering personality, though often an attractively expansive and vigorous one" war (Wrong 1963, S. 296). Darauf sind seine spannungsreichen Beziehungen mit Personen zurückzuführen, die mit ihm zu einer Zeit sehr eng befreundet waren, und erklärt seine Tendenz, „to wrangle and finally break with friends and colleagues" (Aronowitz 2012, S. 25, 148).[1]

Der starken Stellung von Mills in der englischsprachigen Soziologie steht jedoch die bisher schwache Rezeption in Deutschland gegenüber. Die einzige veröffentlichte deutsche Monographie zu seinem Werk stammt aus dem Jahre 1995, die zudem nicht in der Soziologie, sondern in der Politischen Wissenschaft als Dissertation eingereicht wurde (Hess 1995)[2]. Es sind zudem – bis auf sein Buch „Soziologische Phantasie" (Mills 2016) – keine deutschen Neuauflagen seiner Arbeiten erschienen, obwohl er in der unmittelbaren Nachkriegszeit noch wahrgenommen wird. Ralf Dahrendorf (1963) zählt ihn z.b. in seiner Darstellung „Die angewandte Aufklärung" zu der kritischen Tradition der amerikanischen Soziologie. Danach jedoch scheint man seinen Namen in der Bundesrepublik „völlig verdrängt zu haben" (Hess 1995, S. 6),[3] eine „Mills-Renaissance ausserhalb den USA" steht daher weiter aus (Koller 2004, S. 76).

---

[1] Es liegt bisher aber nur eine vollständige Biographie zu Mills von Irving L. Horowitz (1983) vor (Aronowitz 2012, S. 4, 6), einen biographischen Zugang wählt jedoch auch Geary (2009; Trevino 2012, S. 184). Schon Tom Hayden (2006, S. 193) nennt aber als einen darin wichtigen zu untersuchenden Punkt: „Moreover, his turbulent associations with liberals and the Left, sociologists and academia, editors and other writers, would provided an enriching view of the politics and sociology of the 1940s and 1950s." Mills (2016, S. 290) hebt in seinem Werk „The Sociological Imagination" selbst die enge Beziehung zwischen seinem Leben und seinem Werk hervor.

[2] Für eine neuere Arbeit von Hess vgl. den zusammen mit Christian Fleck herausgegebenen Sammelband „Knowledge for Whom?" (Fleck und Hess 2014).

[3] Als möglichen Grund dafür nennt Andreas Hess (1995, S. 6) den deutschen Hang zu „großen Theorien" und philosophischen Systemen (vgl. auch Hess 1999, S. 171).

Zur Biographie von C. Wright Mills 1

Mills wird am 28. August 1916 in Waco, Texas geboren und besucht in Dallas die „Technical High School". Zunächst studiert er für ein Jahr an der Militärschule „Texas Agricultural & Mechanical College",[4] nach einem Jahr wechselt er aber an die Universität von Texas in Austin. Er schließt 1939 dort sein Studium an der Universität mit einem B.A. in Soziologie und M.A in Philosophie ab und macht sich Hoffnungen auf ein Stipendium der Universität Chicago. Da die Hochschule ihm jedoch keine finanzielle Unterstützung anbieten kann (Mills 2000a, S. 39), besucht er ab dem August 1939 die Universität von Wisconsin in Madison. Dort trifft er den deutschen Emigranten Hans Gerth, der ihn, obwohl eigentlich Howard Becker der Betreuer seiner Doktorarbeit ist, in das europäische intellektuelle Leben sowie das Werk Webers einführt und mit dem er später die beiden Werke „From Max Weber" und „Character and Social Structure" veröffentlicht (Gerth und Mills 1958a, 1953).

Nach der vorläufigen Prüfung seiner Doktorarbeit 1941 mit dem Titel „A Sociological Account of Pragmatism: An Essay on the Sociology of Knowledge" nimmt Mills (2000a, S. 47) an der Universität von Maryland eine Stelle als „associate pro-

---

4 Diese biographische Darstellung stützt sich zum großen Teil auf die von seinen Töchtern herausgegebenen Briefe von Mills (2000a). Dabei ist aber zu beachten, dass diese nur eine Auswahl darstellen und zudem z.T. gekürzt wurden. Von den persönlichen Schwierigkeiten Mills nach seiner Rückkehr aus Europa Ende 1957, die bis hin zu Todesgedanken reichen, von denen etwa Richard Gilliam (1989) berichtet, erfährt man darin nichts.

© Springer Fachmedien Wiesbaden GmbH, ein Teil von Springer Nature 2019
O. Neun, *Zur Aktualität von C. Wright Mills*, Aktuelle und klassische Sozial- und Kulturwissenschaftler|innen, https://doi.org/10.1007/978-3-658-22376-2_2

fessor" für Soziologie an, die ihm von Robert K. Merton vermittelt wird.[5] Während dieser Zeit tritt die USA in den Krieg ein, was sein politisches Interesse stärker werden lässt, ein anderer Grund dafür ist, dass er nun näher an Washington ist. Zudem ist die Gruppe der „New York Intellectuals" (NYI) für diesen Wandel von Bedeutung, da er erst nach dem Kontakt zu ihnen beginnt, praktisch politisch tätig zu werden und sich mit den Gewerkschaften zu beschäftigen (Hess 1995, S. 84, 86–87), wobei er insbesondere von Dwight Macdonald und Daniel Bell beeinflusst ist (Geary 2009, S. 46; Neun 2014).[6]

Im Frühjahr 1945 zieht Mills (2000a, S. 88) auch nach New York, da er mit der Stellung in Maryland unzufrieden ist. Erneut durch die Vermittlung von Merton bekommt er zunächst eine Stelle am „Bureau of Applied Social Research" und kurze Zeit später im Februar 1947 als „assistant professor" am soziologischen Fachbereich der „Columbia"-Universität, wonach er nur noch einen Tag für das Forschungsinstitut tätig ist (Mills 2000a, S. 83f., 101). An dieser Hochschule hat er zudem Kontakt zu Mitgliedern der Kritischen Theorie und verfasst u.a. eine kritische Stellungnahme zu Max Horkheimers Buch „Zur Kritik der instrumentellen Vernunft", das 1947 bei „Oxford University Press" erscheint (Joas 1992, S. 99).

In den folgenden Jahren ist er an verschiedenen amerikanischen Universitäten Gastprofessor, z.B. von Januar bis Juli 1949 in Chicago und im Frühjahr 1953 an der „Brandeis"-Universität (Mills 2000a, S. 119, 175). In einem Brief aus Chicago schreibt er aber zur Begründung, wieso er wieder nach New York zurückkehren will: „Manhattan, it's in my blood. You are happier being unhappy there. And you know you're at the center. Here everyone feels in their bones that they are on the rim." (Mills 2000a, S. 136) 1956 wird er von der „Columbia"-Universität auch zum „full professor" ernannt (Mills 2000a, S. 201). In dieser Zeit erscheinen seine drei gesellschaftsdiagostischen Werke „The New Men of Power", „White Collar"

---

5 Mills (2000a, S. 47) schließt die Promotion 1942 auch offiziell ab.
6 Da es keine formale Zugehörigkeit, kein gemeinsames Manifest und zumindest in der Anfangszeit auch keine akademischen Schüler-Lehrer-Verhältnisse gibt, existieren abweichende Annahmen darüber, wer zu den NYI gehört (Bloom 1986). Bell (1991a, S. 128f.) erstellt eine Liste, in der er dazu u.a. Irving Howe, Richard Hofstadter, Lionel Triling und Dwight Macdonald sowie zu den Soziologen der Gruppe Mills, Seymour Martin Lipset, Nathan Glazer, Lewis Coser und Edward Shils rechnet. Neil Jumonville (1991, S. 239f.) hat die weiteste Definition des Kreises und zählt noch David Riesman, Dennis Wrong und Michael Walzer zu den NYI dazu (vgl. auch Jumonville 2007). Diese Auflistung wird im Folgenden verwendet, auch wenn bei der Zuordnung berücksichtigt werden muss, dass manche Personen wie etwa Riesman nur am Rande zum Kreis gehören.

und „The Power Elite", die zu seinen bekanntesten Arbeiten zählen (Mills 1948b, 1951, 1956).

Schon in einem Brief vom 17. September 1951 berichtet er jedoch von dem Plan, für ein Jahr nach Europa zu gehen (Mills 2000a, S. 155). In einem Brief an Gerth, der im Juni 1952 ebenfalls für einen Forschungsaufenthalt an dem Institut für Sozialforschung nach Deutschland reisen will, schlägt er ihm vor, dies erst im September dieses Jahres zu tun, weil er ihn dann begleiten würde (Mills 2000a, S. 167). Mills (2000a, S. 178, 180) bemüht sich zudem durch die Vermittlung von Franz Neumann im Sommer 1954 an der „Freien Universität" (FU) von Berlin zu unterrichten, was aber gleichfalls scheitert, obwohl sich auch Gerth für ihn einsetzt. Ein späterer Versuch für einen europäischen Aufenthalt ist jedoch erfolgreich und er erhält für das akademische Jahr 1956–1957 ein Fulbright-Stipendium, das er in Kopenhagen in Dänemark verbringt und in dem er die Grundzüge seines Buches „The Sociological Imagination" entwickelt (Mills 2000a, S. 193, 1959b). In diesem Zusammenhang ist er bereits Anfang des Jahres 1956 auch in München und schon bei diesem kurzen Besuch von dieser Stadt fasziniert.[7] Zudem hält er während seiner Zeit in Kopenhagen am 2. Mai 1957 in Frankfurt einen Vortrag, aus dem sein späterer Artikel „The Structure of Power in American Society" hervorgeht (Mills 1958a; Summers 2008d, S. 287). Im späten Mai/frühen Juni 1957 unterrichtet er darüber hinaus für zwei Wochen am „Salzburg Seminar" (Mills 2000a, S. 226).

Im März 1957 besucht er für eine Vorlesung ebenfalls die „London School of Economics" (LSE) und zeigt sich in einem Brief in Bezug auf den dortigen Empfang für ihn enthusiastisch: „My God, it is nice to know it makes a difference somethwere. [...] Naturally, I'm nuts about the place and everyone I met there." (Mills 2000a, S. 234) Er trifft dort u.a. Edward P. Thompson und Ralph Miliband, die Freunde von ihm werden und durch die er Kontakt zur englischen „New Left" erhält. Im Juli des Jahres reist er z.B. zusammen mit Miliband kurz nach der Rede von Nikita S. Chruschtschow, in der dieser die Verbrechen von Stalin aufdeckt, nach Polen, wo eine Aufbruchsstimmung herrscht, da danach eine kulturelle Liberalisierung einsetzt und in polnischen Intellektuellenkreisen eine Diskussion über den Stalinismus erfolgt (Geary 2009, S. 186, Hess 1995, S. 146), was Mills (2000a, S. 243) stark beeinflusst. Nach seiner Rückkehr in die USA Ende 1957 wird er

---

7 Nach seiner Rückkehr in die USA äußert sich Mills (2000a, S. 198) in einem Brief an Leo und Marjorie Löwenthal euphorisch: „If by one's hometown is meant to which one wants to return, then Munich is now one of my favorite hometowns, ranking with San Francisco." Auch später schreibt er William Miller in einem Brief: „Germania and Austria – as I've told you – are continual sources of pleasure and agreeable puzzlement to me." (Mills 2000a, S. 229)

zudem für den Januar 1958 erneut an die LSE für „The University Lectures" eingeladen (Mills 2000a, S. 244).[8]

In den kommenden Jahren ist er weiterhin viel unterwegs. Da in dem akademischen Jahr 1959/1960 sein Freisemester hat, besucht er u.a. im September 1959 die ISA-Konferenz in Italien, hält er im Oktober 1959 einen Vortrag in Brasilien, gibt er von Januar bis März 1960 in Mexiko ein Seminar über den Marxismus und besucht im Frühjahr diesen Jahres die Sowjetunion sowie im August Kuba, wo er Interviews u.a. mit Fidel Castro führt (Geary 2009, S. 18; Mills 2000a, S. 283, 276, 281, 304, 311). In dieser Zeit überlegt er, von dem Lehrposten an der „Columbia"-Universität zurückzutreten (Mills 2000a, S. 290), entscheidet sich aber letztlich dagegen.

Ende des Jahres 1960 erleidet er jedoch einen Herzinfarkt und bekommt deshalb für das nächste akademische Jahr erneut eine Freistellung, das er wieder zum großen Teil in Europa und in der Sowjetunion verbringt (Mills 2000a, S. 334). Während seines Europa-Aufenthaltes 1961 zieht er sogar in Erwägung, dauerhaft in England zu bleiben (Mills 2000a, S. 336f.), kehrt jedoch im Januar 1962 wieder in die USA zurück.[9] In diesen Jahren veröffentlicht er seine politischen Schriften wie „The Causes of World War Three", „Listen, Yankee" und „Letters to the New Left", die zu seiner Popularität weiter beitragen (Mills 1958, 1960c, 1963i).

Mills (2000a, S. 328) sagt dann noch für eine Veranstaltung auf dem ISA-Kongress im September 1962 in Washington zu, bei der er als einziger Amerikaner als Redner für die erste Plenarsitzung eingeladen wird (Birnbaum 1964, S. 109), er stirbt aber vorher am 20. März 1962.

---

8   Auch im Januar 1959 hält er an der LSE Vorlesungen, die von der BBC übertragen werden (Mills 2000a, S. 266).
9   In einem Brief an seine Eltern vom 17. Oktober 1961 schreibt er zu der Begründung dafür: „The decision has less to do with the many attractions of England than with the fact that my argument lies in America and has to be worked out there. You carry it with you and after all it is your damned duty." (Mills 2000a, S. 338)

2 Mills' Schriften zur Wissenssoziologie und zur Massenkommunikation

2.1 Mills' Schriften zur Wissenssoziologie

Mills erster, wenn auch weniger bekannter, Schwerpunkt seiner Arbeit ist die Beschäftigung mit der (Mannheimschen) Wissenssoziologie (Philipps 1974; Eldridge 1983, S. 21),[10] der auf seine frühe Prägung durch den Pragmatismus während seines Studiums zurückgeht (Horowitz 1964c, S. 15). In dem „Bibliographical Appendix" zu dem von Harry Barnes und Howard Becker herausgegebenen Buch „Contemporary Social Theory" meint er z.B., dass die Literatur zum amerikanischen Pragmatismus „unexploited suggestions for sociology of knowledge" bietet (Mills 1971a, S. 892).

In seiner ersten Publikation zu diesem Komplex, „Language, Logic and Culture", die Oktober 1939 in der „American Sociological Review" (ASR) erscheint, versucht er daher damit u.a., die sozialpsychologischen Grundlagen der Wissenssoziologie zu verbessern (Nelson 1990, 2010). Notwendig dafür ist für ihn eine Theorie des Geistes, „which conceives social factors as intrinsic to mentality", da die bisherige Wissenssoziologie keine klaren Vorstellungen entwickelt hat, wie diese miteinander verbunden sind (Mills 1963r, S. 424). Er bezieht sich dafür auf die Sozialpsychologie George Herbert Meads und greift dessen Konzept des „generalized other" auf, das bei ihm im Unterschied zu Mead jedoch nicht die ge-

---

10 Eine der ersten Rezensionen von ihm, die in der „American Sociological Review" (ASR) erscheinen, behandelt auch Mannheims (1940) Werk „Man and Society in an Age of Reconstruction" (Mills 1940).

samte Gesellschaft, sondern nur bestimmte soziale Gruppen erfasst (Mills 1963, S. 426f.).

Eine andere Dimension der Verbindung zwischen Denken und gesellschaftlichem Umfeld stellt für ihn zudem die Sprache dar, weshalb er die soziale Dimension der Sprache betont, die zugleich ein System der gesellschaftlichen Kontrolle ist (Mills 1963r, S. 432, 433). Mit ihr erwerben wir z.b. soziale Normen und Werte: „A vocabulary is not merely a string of words; immanent within it are societal textures – institutional and political coordinates. Back of a vocabulary lie sets of collective action." (Mills 1963r, S. 434) Darüber hinaus erwähnt er als einflussreichen gesellschaftlichen Faktor das Publikum, da man um zu kommunizieren, den Symbolen solch eine Bedeutung geben muss, „that they call out the same responses in his audience as they had in himself" (Mills 1963r, S. 434f.). Mit diesen Überlegungen will er ausdrücklich empirische Arbeiten inspirieren und Anregungen für eine „concrete reconstruction of intellectual patterns from a cultural standpoint" geben (Mills 1963r, S. 438).[11]

In einem weiteren Aufsatz zu dem Thema, „Methodological Consequences of the Sociology of Knowledge", der November 1940, im „American Journal of Sociology" (AJS) veröffentlicht wird, geht er der Verknüpfung der Wissenssoziologie mit dem Pragmatismus weiter nach und beschäftigt sich zudem mit der Rezeption Mannheims in den USA, bei der häufig die epistemologischen Konsequenzen des Ansatzes von Mannheim abgelehnt werden. Für Mills (1963t, S. 454) besitzen die Begriffe „Wahrheit" oder „Objektivität" jedoch ebenfalls nur Bedeutung in dem Kontext eines akzeptierten Modells der Verifikation, wobei er auf John Deweys (1938) kurz zuvor publiziertes Werk „Logic" verweist. Das gegenwärtige Modell ist für ihn daher zwar an die physikalische Methodik angelehnt, es gibt für ihn aber auch andere mögliche Verfahren. Er hält deshalb die Idee des „Relationismus" von Mannheim für tragfähig (Mills 1963t, S. 460).

Schon hier deutet Mills (1963t, S. 464) zudem eine Soziologie der Soziologie an, da sich für ihn aus der Wissenssoziologie auch eine neue Methodologie der Sozialwissenschaften entwickeln lässt.[12] Das zentrale Problem dieser Disziplinen ist für ihn die Diskrepanz zwischen verbalen Äußerungen und tatsächlichem Handeln, was Konsequenzen für die angemessenen Untersuchungsformen hat. Mills (1963t,

---

11 Das grundsätzliche Vorgehen bei der Analyse eines Denksystems beschreibt er dabei so: „We try to locate the thinker with reference to his assimilated portion of culture, to delineate the cultural influences in his thought and the influences (if any) of his thought upon cultural changes." (Mills 1963r, S. 431)

12 Dagegen kritisiert Mills (1963t, S. 466) Deweys Idee des „Experiments", das für ihn nur schwer auf die Sozialwissenschaften anzuwenden ist.

S. 468) betont daher grundsätzlich die Bedeutung einer Soziologie der Soziologie: „The detailed self-location of social science, if systematically and sensitively performed, not only will lead to detection of errors in methods under way but constructively will result in presentation of sounder paradigms for future researches."

In einem späteren Aufsatz „The Professional Ideology of Social Pathologists", der 1943 erneut in der ASR erscheint, unternimmt er selbst ausführlicher eine solche Soziologie der amerikanischen Soziologie (Nelson 1990, 2010). Er analysiert dafür Lehrbücher in dem Feld der „Social Pathology" bzw. der „Sozialen Probleme", die einen gemeinsamen Stil des Denkens offenbaren, z.B. ein geringes Abstraktionsniveau, da nur verstreute Milieus, aber nicht ganze Sozialstrukturen behandelt werden (Mills 1963u, S. 526f.). Zudem sind sie auf „praktische Probleme" ausgerichtet, die als Abweichung von einer Norm operationalisiert werden, wobei häufig ein „situational approach" bzw. „case approach" verwendet wird (Mills 1963u, S. 530–535). Weiter dominiert u.a. eine Ausrichtung der Beschreibung des „Pathologischen" an einem ländlichen Ideal, weshalb als „Probleme" meist die Auflösung von ländlichen Werten bzw. Gemeinschaftsformen in den Städten und damit vorrangig urbanes Verhalten diskutiert werden (Mills 1963u, S. 540–544). Die Erklärung dafür ist nach Mills (1963u, S. 527), dass die Autoren einen ähnlichen sozialen Hintergrund, d.h. aus der Kleinstadt stammen, und ähnliche berufliche Karrieren haben, weshalb sie diese gemeinsame Perspektive einzunehmen. Wenn aber solche großen Übereinstimmungen vorliegen, fehlt die Notwendigkeit für Konflikte und damit einen höheren Grad an Theoretisierung. Zudem sind fast alle Autoren Professoren. Ein weiterer gesellschaftlicher Faktor, der ihre Arbeit beeinflusst, ist daher für ihn, wie in seinem früheren Aufsatz „Language, Logic and Culture" (Mills 1963r), der Typus des Publikums, für das sie schreiben, in diesem Falle die Studierenden. Diese Ausrichtung führt sie zu einer Zusammenfassung des Stoffes für Lehrzwecke, die sich von der zu Forschungszwecken unterscheidet: „An attempt to systematize on the level of the textbook makes for a taxomonic gathering of facts and a systematization of them under concepts that have already been logically defined. The research possibilities of concepts are not as important as is the putting of the accumulated factual details into some sort of order." (Mills 1963u, S. 529f.)

Auch in Mills' (1964a) erst posthum herausgegebener Dissertation, die den Titel „A Sociological Account of Pragmatism: An Essay on the Sociology of Knowledge" trägt, bringt er sein Modell der Verbindung von Wissenssoziologie und Pragmatismus „empirisch-praktisch" zur Anwendung (Hess 1995, S. 54) und zeigt ihn als „historian of ideas" (Horowitz 1964c, S. 31). Er untersucht darin das Werk der Pragmatisten Charles Peirce, William James und John Dewey, wobei Letzterem der längste Abschnitt gewidmet ist. Auch hier behandelt er die verschiedenen

Zielgruppen, mit denen Dewey Kontakt hatte und die man u.a. dadurch erfassen kann, in welchen Zeitschriften er veröffentlicht hat. Mills (1964a, S. 325, 347–349) unterscheidet vier solcher Publika: 1. das soziale und politische Publikum, für das die Zeitschrift „New Republic" repräsentativ ist, 2. das universitär philosophische, für das z.b. die Magazine „The Journal of Philosophy" und „Philosophical Review" charakteristisch sind, 3. das erzieherische, für das neben Deweys Buch „Democracy and Education" u.a. das „Journal of Education" steht, und 4. das studentische. Dagegen hat Dewey nie für ein Massenpublikum geschrieben, sondern immer nur „for definitely *selected* publics" (Mills 1964a, S. 325). In diesem Zusammenhang greift Mills (1964a, S. 435–441, 447f.) auch kurz Deweys (1927) Werk „The Public and Its Problems" auf.[13]

2.2 Mills' Schriften zur Massenkommunikation

Bei Mills ist das Feld der Wissenssoziologie mit dem der „Massenkommunikation" verbunden.[14] Bereits in einem Brief an seine Eltern aus Maryland aus dem Herbst 1943 berichtet Mills (2000a, S. 54) ihnen, dass er einen Kurs zu dem Thema „Print, Film, and Radio" vorbereitet. Dieses Interesse verstärkt sich noch nach seinem Wechsel nach New York ans „Bureau of Applied Social Research", da die „Columbia"-Universität das Zentrum der amerikanischen Massenkommunikationsforschung bildet (Eldridge 1983, S. 28f.). Mills leitet im Sommer 1945 für das Institut auch eine Studie in der Stadt Decatur in Illinois, in dem der Einfluss der Massenmedien auf die Meinung der Menschen sowie die „Zwei-Stufen"-Theorie von Paul F. Lazarsfeld getestet werden soll und auf der sein Artikel „The Sociology of Mass Media and Public Opinion" basiert (Geary 2009, S. 240).[15]

---

13 In einem weiterem Aufsatz aus dem Bereich der Wissenssoziologie „Situated Actions and Vocabularies of Motive", der Dezember 1940 in der ASR erscheint, entwickelt Mills (1963s) zudem eine soziologische Erklärung für Motive.

14 Das Gebiet der „Massenkommunikation" bezeichnet Merton (1968, S. 537) auch als den spezifisch amerikanischen Beitrag zur Wissenssoziologie.

15 Dieser Artikel wird erst posthum veröffentlicht, obwohl Mills ihn bereits 1950 abschließt (Trevino 2012, S. 181). Über die „Decatur"-Studie kommt es aber zum Konflikt mit Lazarsfeld und dieser übernimmt sie 1947 von ihm, wofür Mills die Untersuchung „The Puerto Rican Journey" fertig stellen soll (Mills et al. 1950; Geary 2009, S. 89–95). Mills (2000a, S. 172) arbeitet aber bis zu dem Bruch mit Lazarsfeld im Februar 1952 weiter daran mit. 1955 erscheint das Buch jedoch unter dem Titel „Personal Influence" nur mit Elihu Katz als Ko-Autor, und Mills wird allein unter den Danksagungen erwähnt (Katz und Lazarsfeld 1955, S. XIII).

2.2 Mills' Schriften zur Massenkommunikation

Mills (1963x, S. 577f.) geht darin von dem Befund aus, dass die „öffentliche Meinung", wie etwa die überraschende Wahl von Truman 1948 zum US-Präsidenten gezeigt hat, nicht vollständig durch die Medien kontrolliert und manipuliert wird: „There are forces at work among the public that are independent of these media of communication, that can and do at times go directly against the opinions promulgated by them. The U.S. public has an autonomy of judgement, and on many questions makes up its own mind, without direction from any center and without any authority but its own sovereignty." Unter „öffentlicher Meinung" versteht er dabei, wobei er sich auf eine Definition von Hans Speier (1952) bezieht, „when people who are not in the government of a country claim the right to express political opinions freely and publicly, and the right that these opinions should influence or determine the policies, personnel, and actions of their government".

Er unterscheidet seit dem 18. Jahrhundert drei Stadien, wie Intellektuelle über die „öffentliche Meinung" denken: zuerst wird sie so verstanden, dass die Diskussion einen „allgemeinen Willen" ausbildet, der dann vom Parlament in Recht umgewandelt wird. Notwendig ist dafür, dass in den „primären Öffentlichkeiten", d.h. den „face-to-face groups", jeder reden darf, zudem ist die Autonomie der diskutierenden Zirkel ein wichtiges Element (Mills 1963x, S. 579f.). Seit dem 19. Jahrhundert wird dieses klassische Modell aber kritisiert und insbesondere seit dem Entstehen der totalitären Staaten im 20. Jahrhundert entwickelt sich eine zweite Position heraus, in der der Aufstieg der Massenmedien und die Konzentration der Macht betont wird, weshalb die Kleingruppen an Bedeutung verlieren. Dadurch entsteht eine andere Vorstellung von „Öffentlichkeit": „In this view, the public is merely the collectivity of individuals each rather passively exposed to the mass media and rather helplessly opened up to the suggestions and manipulations that flow from these media." (Mills 1963x, S. 581f.) In dieser Sicht werden darüber hinaus die freiwilligen Organisationen aufgelöst, womit die Diskussionsphase bei der Konstituierung der „öffentlichen Meinung" fast vollständig verschwindet (Mills 1963x, S. 582, 584). In der Gegenwart ist für Mills (1963x, S. 585f.) in amerikanischen intellektuellen Kreisen eine dritte Phase erreicht, in der eine Synthese zwischen beiden Ansichten vertreten wird, bei der sowohl die Massenmedien als auch die persönlichen Kontakte als relevant eingestuft werden. Die Ergebnisse der „Decatur"-Studie zeigen für ihn dabei jedoch, dass, wie von Lazarsfeld vermutet, die persönlichen Interaktionen einflussreicher als die Medien und die „opinion leaders" daher von besonderer Bedeutung sind (Mills 1963x, S. 590, 593).

Mills hat auch noch weitergehende Ideen für den Themenbereich der Wissenssoziologie bzw. der Massenkommunikation. Zusammen mit Saul Alinsky plant er Anfang der 1940er Jahre einen Band mit dem Titel „Studies in the Sociology of Knowledge and Communications" und schickt ihm, wahrscheinlich im späten

Dezember 1943 oder frühen 1944, eine Gliederung dafür zu. Dabei beschreibt er das Buch so: „It would lay a basis, in empirical research, for new and fascinating disciplines – sociology of knowledge and sociology of communication – and I think would have some appeal for the upper levels of the trade public." (Mills 2000a, S. 62) Dieses Schreiben ist aber das Ende der Korrespondenz zwischen ihnen und des konzipierten Projekts (Mills 2000a, S. 63), was ein Zeichen für die Verschiebung seiner Forschungsschwerpunkte ist.[16] Ein weiteres Indiz dafür ist, dass Mills (1964a) die Veröffentlichung seiner wissenssoziologischen Dissertation nicht weiter verfolgt und sie daher erst posthum veröffentlicht wird.[17] Dagegen verlagert sich sein Fokus u.a. auf das Problem der gesellschaftlichen Stratifikation (Geary 2009, S. 65). Ein Grund dafür ist sein stärker werdendes Interesse für politische Fragen, das u.a. durch den Kontakt zu den NYI geweckt wird.[18]

---

16 Aber auch nach der „Decatur"-Studie führt Mills (2000a, S. 148, 156) noch zu der Frage der Wirkung der Massenmedien eine von ihm so genannte „TV-study" bzw. „Weekend study" für „The Workshop on the Cartoon Narrative of New York University" durch, in dem er die Mediennutzung untersucht.

17 Mills plant zudem noch im Jahr 1947 die Veröffentlichung einer Zusammenstellung seiner Arbeiten mit dem Titel „The Politics of Truth, and Other Essays", in dem u.a. die Arbeiten zur Wissenssoziologie versammelt sein sollen (Summers 2008a, S. IX), die ebenfalls nicht mehr erschienen ist.

18 Eine weitere Ursache dafür ist, dass Mills nach dem Bruch mit Lazarsfeld und dem „Bureau of Applied Social Research" nicht mehr an dessen empirischen Arbeiten zu dem Thema der „Massenkommunikation" beteiligt ist.

Mills und die „New York Intellectuals" (NYI) 3

„The Making" des öffentlichen Soziologen C. Wright Mills

3.1 Mills und der Kreis der „New York Intellectuals" (NYI)

Ein Zeichen dieser Veränderung ist, dass die frühen Arbeiten von Mills u.a. zur Wissenssoziologie noch in akademischen Journalen wie der ASR oder der AJS erscheinen, er durch den Kontakt zu der Gruppe der NYI in der Folge aber auch in nicht-akademischen Zeitschriften veröffentlicht (Geary 2009, S. 59f.; Hess 1995, S. 81).[19] Bell wird auf ihn aufmerksam, als Mills noch in Wisconsin ist und liest

---

19 Diese Verbindung von Mills zu dem Kreis der NYI wird schon früh in der Literatur erwähnt, die Umsiedlung von Mills nach New York hält z.B. bereits Norman Birnbaum (1963, S. 14, 15) für wichtig, da er dadurch Kontakt zu den „neu eingewanderte[n] Intellektuelle[n] europäischer Herkunft" erhält, die „eine sehr originelle Verbindung von europäischem Denken und ihrer amerikanischen Erfahrung" entwickeln (vgl. auch Scimecca 1977, S. 66). Lange Zeit dominiert in der Literatur aber das Bild Mills (2000a, S. 30) als Einzelgänger, das er selbst in seinen autobiographischen Äußerungen von sich zeichnet und als Suche nach Autonomie beschreibt: „Its net result is the demand, the compulsive if you will, for autonomy. I don't like ‚alienation' or any such fancy terms. I am not, and never have been, alienated. I mean just plain isolation; but of course the cumulative effect of it is self-sought isolation." Horowitz (1963, S. 1) nennt z.B. Mills kurz nach seinem Tod einen „singular intellectuals ‚hero'" und Tom Hayden (2006, S. 66f., S. 163) wählt als Titel seiner Masterabschlussarbeit ebenfalls „Radical Nomad", zudem spricht er in dem Abschnitt zu seiner Biographie von dessen „alienation from the intellectual community". Diese Einschätzung findet sich auch noch in neueren Arbeiten. Für Trevino (2012, S. 7) wurde Mills zunehmend marginalisiert und zu einem „academic outlaw", als „public sociologists" war er für ihn ebenfalls die Ausnahme: „What is more, in contradiction to most sociologists of the period, Mills,

in dieser Zeit einen Artikel von Mills in der ASR, worauf er ihm schreibt und einlädt, für die Zeitschrift „New Leader" zu publizieren (Bell, Interview mit Autor, 8. September 2007). In einem Brief an Bell vom 10. August 1942 erklärt Mills den dadurch bei ihm erfolgten Wandel selbst so: „I'am going to write a lot of such ‚popular' (i.e. non-technical or professional) stuff this year in order to learn how to write more smoothly, and I don't expect it all to be printed. I'm just practising frankly." (Zit. n. Geary 2009, S. 56) 1945 führt er in seiner Bewerbung bei der Guggenheim-Stiftung als Grund für diese Veröffentlichung in solchen „little magazine" seit dieser Zeit genauer aus: „This I have done out of interest in the topics discussed, and even more because I wished to rid myself of a crippling academic prose and to develop an intelligible way of communicating modern social science to nonspecialized publics." (Mills 2000a, S. 80)

Die ersten politischen Artikel von Mills erscheinen daher durch die Anregung von Bell in der Zeitschrift „The New Leader" (Horowitz 1983, S. 72–74). Bell (Interview mit Autor, 8. September 2007) stellt ihm zudem 1943 den Zirkel um Macdonald vor, der gerade die neue Zeitschrift „Politics" plant und Mills veröffentlicht in der Folge dort sowie in anderen Journalen der NYI wie „Partisan Review", „Commentary" und „Dissent".

---

as a public sociologists, aimed to convey modern social science ideas to a broader audience outside the academy by employing a clear and vivid prose."
Geary (2009, S. 8, 11) demonstriert aber die Einbindung Mills in die akademische Soziologie und erwähnt zudem die Parallelen zu den Zeitschriften „Politics", „Dissent", „Commentary" sowie Lipset, Riesman und Bell. Auch für Flacks (2006, S. 4, 6) teilt Mills die „main lines of postwar analysis", weshalb er ihn zu der „generation of post-1930s young intellectuals" zählt. Die Einschätzung von Mills als Einzelfall wird zudem schon früh eingeschränkt (vgl. Etzioni 1966, S. 322). Alvin Gouldner (1963, S. 45) weist in seinem Aufsatz „The Myth of a Value-Free Sociology" darauf hin, dass in dieser Zeit nicht nur Mills, sondern eine größere Gruppe von Soziologen als kritische Intellektuelle anzusehen sind. Als Beispiele nennt Gouldner viele Personen, die zu den NYI zählen, so z.B. Lipset, Wrong, Coser und Riesman. Nach Heinz Hartmann (1973, S. 56) müsste diese Liste noch um Bell und Glazer ergänzt werden. Wrong (1959, S. 377) selbst nennt in einer Besprechung von Mills' (1959b) Buch „The Sociological Imagination" die Gruppe von Dissidenten von der vorherrschenden Theorie von Talcott Parsons den „Humanist Underground in American Sociology". Diese Erkenntnis der Vielfalt der US-Soziologie in den 1940er- und 1950er-Jahren ist aber Ende der 1960er-Jahre/Anfang der 1970er-Jahre durch die Konstruktion der Idee eines soziologischen „establishment", an der Mills (1959b) durch seine Zweiteilung der Soziologie in eine empiristische Strömung und eine große Theorie in seinem Werk „The Sociological Imagination" selbst mitgewirkt hat, zum großen Teil wieder verschüttet worden. (Calhoun und VanAntwerpen 2007; Geary 2009, S. 172f.).

Die NYI beeinflussen ihn auch inhaltlich. Ihre generelle Bedeutung für Mills beschreibt Aronowitz (2012, S. 67) deshalb so: „It was the group from which he got many of his ideas, including some of his political perspectives – and which contributed heavily to his intellectual formation. They became the measures of Mills's own development."[20] Mills (2016, S. 293, 297f.) schreibt in seinem Buch „The Sociological Imagination" später selbst zu den Vorschlägen für die wissenschaftliche Arbeit, dass es in erster Linie auf einen umfassenden intellektuellen Austausch ankommt, wozu eine Gruppe nötig ist: „Ich kenne nicht alle sozialen Voraussetzungen für höchste geistige Qualitätsarbeit, aber ich weiß, dass ein Kreis von Leuten, die einem zuhören und die etwas sagen – und die man sich manchmal auch einfach vorstellen muss – unbedingt dazugehört. Jedenfalls setze ich alles daran, mich mit einer sozialen und intellektuellen Umwelt zu umgeben, von der ich mir Anregung für meine Arbeit erwarte. Das unter anderem habe ich oben mit der Verschmelzung von Arbeit und Leben gemeint."

Mills lernt daher durch den Kontakt mit ihnen.[21] Alfred Kazin kann sich z.B. daran erinnern, dass Mills immer mit einem Notizbuch unterwegs war, um sich bei Gesprächen Notizen zu Balzac zu machen. Der Einfluss der Gruppe ist daher zu spüren, wenn Mills (2000a, S. 159) seinen Freund William Miller anweist, das Gesamtwerk dieses Schriftstellers zu kaufen, aus der Überlegung heraus: „In three or four years I want to give a course: Balzac as sociologist." Mills wird zudem über sie durch den Trotzkismus beeinflusst (Aronowitz 2012, S. 23), in einem Brief an Gerth bittet Mills (2000a, S. 99) ihn deshalb: „I'm trying to get a whole view of post 1917 radicalism. Could you loan me for 10 days Trotzky's *Literature and Revolution?* (I'll mail it right back.) Libraries don't *have* it, and I'm anxious to read it."

Mills (1948b, S. 295, 1951, S. 355, 1956, S. 364, 1959b, S. 228) schickt später auch u.a. Irving Howe, Lewis Coser, Macdonald, Lionel Trilling und Richard Hofstadter seine Manuskripte zur Korrektur zu und dankt in seinen Büchern „The New Men of Power" Coser, Hofstadter, und Macdonald, in „White Collar" Hofstadter und Trilling, in „The Power Elite" Coser, Hofstadter und Howe und in „The Sociological Imagination" Coser, Hofstadter, Howe, Riesman und Meyer Schapiro für Kritik und Hinweise. Diese Wirkung auf ihn wird von Mills aber nicht immer deutlich gemacht. Laut Gerth antwortet er auf die Kritik, er würde Ideen von ihm

---

20 Schon früh wird aber die Ambivalenz der Beziehung zu der Gruppe bemerkt (Howe 1963). Für Horowitz (1983, S. 255) war der Kreis daher ebenfalls wahrscheinlich der, „for which Mills had the highest respect and yet felt deep resentment toward" (vgl. Summers 2008b, S. 10; Aronowitz 2012, S. 67).

21 Zu dem Verhältnis zu Bell vgl. auch Neun 2014.

stillschweigend übernehmen, nur: „Gerth, my family originally made their money in Texas by branding mavericks. Whenever they saw a cow running around without a brand, it was theirs. Whenever I see an idea without a brand on it, it's mine." (Martindale 1982, S. 169)

3.2 Erste Artikel von Mills in den Zeitschriften der NYI

Mills (1963f) erster Artikel in einem politischen Magazin, eine Besprechung von Charles Morris' Werk „Paths of Life", die 1942 in „The New Leader" erscheint, behandelt dabei erneut den Pragmatismus.[22] Zu der Begründung schreibt er dazu an Bell am 19. Juli 1942: „The guy has done the wrong thing with something potentially swell and we ought to fight him, and hard." (Mills 2000a, S. 49)

Eine allgemeinere Bedeutung hat das Werk von Morris daher für Mills (1963f, S. 163), weil es für ihn ein Beispiel für die gegenwärtige Krise des Pragmatismus darstellt. Mills (1963f, S. 163) hält dagegen weiter an der pragmatischen Position fest: „In armies and in social movements which make history, and hence the types and paths of persons, it is lack of knowledge that is to be deplored. For now ignorance becomes irresponsibility." Zudem betont er erstmals grundsätzlich die Bedeutung der Politik, was sein verstärktes Interesse an dem Thema u.a. seit dem Kontakt mit den NYI zeigt: „Men are much more than political animals, but there are times when they must be this above all, or else they loose all their other beings." (Mills 1963f, S. 165)

In seinem Aufsatz „The Powerless People", der 1944 in „Politics" veröffentlicht wird und in dem der pragmatische und wissenssoziologische Einfluss weiterhin spürbar ist, beschäftigt er sich deshalb auch zum ersten Mal mit dem Typus des Intellektuellen.[23] Er verweist dabei auf die pessimistische Stimmung unter diesen, die im Unterschied zu früher steht, als der Pragmatismus noch die Basis des progressiven amerikanischen Denkens darstellte (Mills 1963l, S. 292). Um die Entwicklung verstehen zu können, ist es für ihn nötig, die gesellschaftliche Position der Intellektuellen und insbesondere den Einfluss der sozialen Veränderungen auf

---

22 Auch zeigen sich weiter wissenssoziologische Einflüsse, da für Mills (1963l, S. 160) eine Analyse der von Morris genannten „Lebensweisen" nur durch eine „precise social imputation to these positions and strata" möglich ist. Er greift auch die wissenssoziologische Analyse des Pragmatismus aus seiner Dissertation wieder auf (Mills 1963l, S. 167).

23 Der Aufsatz ist in dem von Horowitz herausgegebenen Sammelband mit Schriften von Mills unter dem veränderten Titel „The Social Role of the Intellectual" enthalten, er wird hier aber mit dem Originaltitel zitiert.

sie genauer zu untersuchen. Nach Mills (1963l, S. 294) fühlen sie daher ein Unbehagen, weil sie die Politik nicht mehr beeinflussen können, obwohl sie immer mehr wissen, da immer weniger Menschen Entscheidungsgewalt über immer mehr Menschen haben. Diese Zentralisierung der Macht ist zwar am augenfälligsten im Militär, für Mills (1963l, S. 295f.) sehen sich die Menschen aber überall mit Organisationen konfrontiert, weshalb sie sich hilflos fühlen. Diese Tendenz erschwert es den Intellektuellen weiter, ihr Publikum zu erreichen: „Between the intellectual and his potential public stand technical, economic, and social structures which are owned and operated by others." (Mills 1963l, S. 296) Früher gab es dagegen noch die „world of pamphleteering", nun dominieren aber die Massenmedien (Mills 1963l, S. 296).

Mills (1963l, S. 299) betont jedoch die herausgehobene soziale Lage des Intellektuellen, zusammen mit dem Künstler ist er „among the few remaining personalities equipped to resist and to fight the stereotyping and consequent death of genuinely lively things". Er muss sich aber mit der Politik beschäftigen, weshalb er ihn ausdrücklich einen „political intellectual" nennt: „If the thinker does not relate himself to the value of truth in political struggle, he cannot responsibly cope with the whole of live experience." (Mills 1963l, S. 304, 299) Mills (1963l, S. 302) lehnt daher die Haltung der Entfremdung der Intellektuellen ab.

Auch in seinem Artikel „‚Grass-Roots' Union with Ideas", der 1948 in der Rubrik „Study of Man" der Zeitschrift „Commentary" erscheint, behandelt er die Figur des Intellektuellen (Mills 1948a). Diese 1945 gegründete Reihe „Study of Man" wird von Nathan Glazer geleitet, einem Studenten von Mills an der „Columbia"-Universität,[24] und soll Arbeiten der Sozialwissenschaften vorstellen, womit sie nach Ansicht von Glazer zu der damaligen Zeit einmalig ist, weil es vorher noch keine Kolumne in einer allgemeinen Zeitung gab, deren Ziel es war, sozialwissenschaftliche Arbeiten von generellem Interesse für ein größeres Publikum zu besprechen (Glazer, Interview mit Autor, 30. August 2007).[25]

Die Idee dazu hat ihre Wurzeln in dem hohen öffentlichen Renommee der Sozialwissenschaften, insbesondere der Anthropologie, nach dem Zweiten Weltkrieg.

---

24 Glazer arbeitet dort auch an einem Projekt von Mills mit, dessen Ergebnisse in sein späteres Buch „White Collar" eingehen (Glazer, Interview mit Autor, 30. August 2007). Andere Mitglieder der NYI sind ebenfalls Studenten von Mills. Dennis Wrong (1990, S. 13) ist z.B. an der „Columbia"-Universität von Mills angezogen, da er „a link between the sociology faculty and the larger New York intellectual world" darstellte. Er schreibt auch kurz an einer abgebrochenen Dissertation unter seiner Aufsicht (Wrong 2001, S. 61).

25 Glazer ist, bis er 1953 „Commentary" verlässt, für die Kolumne verantwortlich, wobei er auch später noch dort veröffentlicht.

Es ist daher, wie es Richard Chase (1958, S. 255) in einer Besprechung von Max Lerners Buch „America as a Civilization" formuliert, „the Age of Sociology". Glazer (Interview mit Autor, 30. August 2007) beschreibt die Stimmung ebenfalls so: „So social science seemed to have a lot to say to the public." Diese positive Haltung gegenüber den Sozialwissenschaften wird auch durch die starke institutionelle Unterstützung durch verschiedene Stiftungen in der Zeit reflektiert.[26]

In der ersten Ausgabe der Kolumne „The Study of Man" beschreibt Glazer (1945a, S. 84) deren Ziel deshalb genauer so, dass dort dem Leser die Ergebnisse der Sozialwissenschaften zu Problemen von genereller Relevanz berichtet werden sollen, da sich diese Disziplinen nicht mehr nur mit theoretischen Fragen, sondern mit den wichtigen Themen der Menschen beschäftigen: „The ivory tower now stands abandoned." Er kündigt deshalb an, in der Rubrik Zeitschriften, Bücher und andere Publikationen zu besprechen, aber auch eigenständige Beiträge sowie Berichte von Konferenzen zu veröffentlichen (Glazer 1945a, S. 84). In einem späteren Essay „Government by Manipulation" führt Glazer (1946a) weiter zu den Argumenten für den Versuch aus, die Erkenntnisse dieser Disziplinen zu popularisieren, dass zwar schon viel über den starken Fortschritt der anderen Wissenschaften während des Krieges, aber wenig über den der Sozialwissenschaften in der Zeit bekannt ist. Letztere könnten in der Zukunft jedoch möglicherweise die Geschichte ebenso so stark beeinflussen wie früher die physikalischen und biologischen Wissenschaften (Glazer 1946a, S. 81). In Abgrenzung gegenüber neueren sozialwissenschaftlichen Ansätzen wie den „human-relations", die er als Instrumente der Kontrolle kritisiert, versteht er ihre Aufgabe aber folgendermaßen: „The attempt to change society by giving men insight into its workings would seem an infinitely more worthy task for science than to help try to preserve it by strengthening the power of manipulation." (Glazer 1946a, S. 86) Deshalb ist es für ihn notwendig, eine wissenschaftliche und zugleich kritische Sicht der Gesellschaft zu fördern (Glazer 1946a, S. 86).[27]

In seinen eigenen Arbeiten für die Kolumne stützt sich Glazer dabei häufig auf die Schriften anderer NYI wie Mills. Bereits in seinem zweiten Essay in der

---

26 Diese positive Stimmung ändert sich später insbesondere durch den Vietnamkrieg (Glazer, Interview mit Autor, 30. August 2007).

27 Als Beispiele dafür nennt Glazer (1946a, S. 86) hier aber noch gut verkaufte anthropologische Werke z.B. von Franz Boas oder Ruth Benedict, keine soziologischen. In der Folge stellt Glazer (1946b) insbesondere eine Soziologie mit einem sozialpsychologischen Einfluss einem breiteren Publikum vor, wobei sich das – wie die Zeitschrift „Commentary" ebenfalls vom „American Jewish Committee" (AJC) gesponserte – Anti-Semitismus-Projekt der Frankfurter Schule „Studies of Prejudice" als ein zentrales Sujet herauskristallisiert.

Dezemberausgabe 1945, in dem er die soziologische Richtung der „Wissenssoziologie" behandelt, bezieht sich Glazer (1945b, S. 84, 85f.) u.a. auf dessen Artikel „The Professional Ideology of Social Pathologists", die er eine „self-examination of the social scientists" nennt, und „The Trade Union Leader: A Collective Portrait" (Mills 1963u, 1963c).[28]

In der Rubrik erscheinen zudem eigenständige Untersuchungen anderer NYI wie Bell (1947), Lipset (1950) und Dennis Wrong (1950, 1990, S. 13) sowie der genannte Essay „‚Grass-Roots' Union with Ideas" von Mills (1948a), der auf einen Vorschlag von Glazer zurückgeht (Glazer Interview mit Autor, 30. August), über eine wichtige Versammlung der Gewerkschaft „United Automobile Workers" (UAW) in Atlantic City im November 1947. Darin schreibt er diesem Treffen der UAW eine allgemeine Bedeutung zu, weil diese Organisation für ihn „the power center for labor ideas and the idea center for the American labor movement" darstellt (Mills 1948a, S. 240). Eine Besonderheit von ihr ist, dass sie militante einfache Mitglieder hat, weshalb sie als Anziehungspunkt für Intellektuelle wirken kann, die nicht Gewerkschaftsmitglieder sind und sich heimatlos fühlen (Mills 1948a, S. 242).[29] Mills (1948a, S. 245f.) glaubt aber, dass sie sich in die nationale Politik begeben und eine eigene dritte Arbeiterpartei gründen muss.[30]

---

28   Glazer (1947, S. 185) greift in seinem Beitrag anlässlich der Tagung der „American Sociological Society" im Dezember 1946 in Chicago zudem den Punkt aus Mills' (1963u) Aufsatz „The Professional Ideology of Social Pathologists" auf, dass die einheimischen Soziologen nicht auf die Gesellschaft, sondern nur auf „Probleme" ausgerichtet sind, weshalb es für ihn notwendig ist, sich von diesem „atomistic meliorism" loszusagen.

29   In einem Brief an William Miller wahrscheinlich aus dem Frühjahr 1946, schreibt er offener zu dem von ihm verwendeten Begriff „Intellektueller": „What we are fooling around with it for: by intellectual here we mean humanitarian socialist. What the hell else?" (Mills 2000a, S. 98)

30   Zu Mills' Interesse an den Gewerkschaften vgl. auch Kapitel 5.2.

4   Mills' und Hans Gerths Weber-Interpretation und Sozialpsychologie

4.1 „From Max Weber"

Die erste gemeinsame Weber-Übersetzung von Gerth und Mills (1944), Webers Kapitel „Klassen, Stand, Parteien" aus dem zweiten Band von „Wirtschaft und Gesellschaft",[31] das Gerth ursprünglich nur als Lektürematerial für eine Veranstaltung ins Englische überträgt (Martindale 1982, S. 154), erscheint im Oktober 1944 ebenfalls in einer Zeitschrift der NYI, in „Politics".[32] In ihrer Einleitung dazu ist dabei schon ihre spätere Interpretation von Weber in ihrem einflussreichen Reader „From Max Weber" zu erkennen (Gerth und Mills 1958a), der nach Talcott Parsons' Übersetzung von Webers „Die Protestantische Ethik und der Geist des Kapitalismus" der „second mayor step forward for Weber's American readership" ist (Scaff 2006, S. 80; Weber 1930; vgl. Oakes und Vidich 1999, S. 8).[33]

---

[31] In der MWG werden die beiden Teile von „Wirtschaft und Gesellschaft" auf verschiedene Bände aufgeteilt, da nicht mehr von einer Einheit des Werkes, d.h. von dem noch von Weber selbst für den Druck vorbereiteten Manuskript und den Manuskripten aus dem Nachlass, ausgegangen wird. Hier wird im Folgenden an der alten Bezeichnung „Wirtschaft und Gesellschaft" für beide Abschnitte festgehalten, da dies die Textgrundlage für die Übersetzungen und für die Rezeption Webers in den USA ist.

[32] Die erste Frucht der Zusammenarbeit von Mills und Gerth (1963) ist die Kritik an James Burnhams (1941) These der „managerial revolution", die bereits im Januar 1942 erscheint. Vgl. dazu Kapitel 5.1.

[33] Der folgende Abschnitt basiert auf Neun 2016a.

© Springer Fachmedien Wiesbaden GmbH, ein Teil von Springer Nature 2019
O. Neun, *Zur Aktualität von C. Wright Mills*, Aktuelle und klassische Sozial- und Kulturwissenschaftler|innen, https://doi.org/10.1007/978-3-658-22376-2_5

Mills (Mills-Macdonald, 26. November 1943, DMP) bezeichnet den Text z.B. schon in einem Brief an den Herausgeber Macdonald als „one of the very best results of the movement called ‚Marxism'".[34] In ihren Vorbemerkungen zu der Übersetzung von Weber weisen sie ebenfalls auf die Parallelen zu Marx hin, mit dem Weber für sie das Interesse an der Ökonomie teilt (Gerth und Mills 1944).[35] Sie haben zudem zu der Zeit bereits Pläne für ein größeres Buch zu Weber, dessen Konzept Mills (Mills-Macdonald, 20. Juni 1944, DMP) in einem Brief an Macdonald so erläutert: „We'll do key passages from all of Weber's work: about 300 pages of it in all and forty page introduction by G and myself." Am Ende der Ausgabe von „Politics", in der ihre Übertragung von Webers „Klassen, Stand, Parteien" erscheint, erscheint daher schon eine Ankündigung für dieses Werk, was aber zum Konflikt mit Edward Shils führt, der parallel ein ähnliches Vorhaben verfolgt (Oakes und Vidich 1999; Scaff 2013). Mills weist in einem Schreiben an Gerth auf diese Konkurrenzsituation zwischen ihnen und Shils sowie Talcott Parsons hin: „Surely you knew that a lot of guys, Shils and Parsons, especially, were not going to wire congratulations upon hearing that we got out an edition of Weber." (Mills 2000a, S. 74)

Ihre Weber-Interpretation ist dabei explizit gegen die Lesart von Talcott Parsons gerichtet (Greffrath 1989, S. 85). Mills kontrastiert schon in einem Brief an Macdonald vom 10. Oktober 1943 ihre Übersetzung von Webers „Klassen, Stand, Parteien" mit der des ersten Teils von „Wirtschaft und Gesellschaft" von Parsons (1947): „The son of a bitch translated is to as to take all the guts, the radical guts, out of it, where our translation doesn't do that!" (Mills 2000a, S. 53) In dem geplanten Aufbau des Buches „From Max Weber", den er in einem Brief an Gerth skizziert, zeigen sich weitere Unterschiede, da er statt eines Systems eher verschie-

---

34 Mills gibt in dem Brief auch schon erste Hinweise auf die Arbeitsteilung zwischen ihm und Gerth. Seine Aufgabe ist es allein, wie er an Macdonald schreibt, die Übersetzung von Gerth zu überarbeiten und „some of the Teutonic aspects" abzumildern, da er selbst nicht über genügend Deutschkenntnisse verfügt (Mills-Macdonald, 26. November 1943, DMP).

35 Die positive Einschätzung Webers bleibt aber nicht unwidersprochen. Meyer Schapiro (1945, S. 44) antwortet auf den Artikel von Gerth und Mills in „Politics" mit einer Replik, in der er sich hauptsächlich mit Webers politischer Einstellung auseinandersetzt und ihn dabei als „intense nationalist" sowie als Vorläufer der Nazis bezeichnet: „We can easily understand how, with his fear of the left and his respect for the strong leader with ‚charismatic' qualities, capable of inspiring an irrational devotion, he came to speak in a way that anticipates the Nazis." Die Auseinandersetzung um die politische Verortung Webers ähnelt damit der späteren deutschen Diskussion nach der Veröffentlichung von Wolfgang Mommsens (1958) Buch „Max Weber und die deutsche Politik 1890–1920".

dene Themen sieht, die sich durch das Werk Webers durchziehen „(as against Parsons etc. with their formalized SYSTEMS of every goddamned thing that anybody tries to do something with)" (Mills-Gerth, undatiert, zit. n. Oakes und Vidich 1999, S. 19). Sie setzen zudem in der Auswahl der Texte andere Schwerpunkte, da sie etwa die für Parsons grundlegenden soziologischen Grundbegriffe Webers aus dem ersten Teil von „Wirtschaft und Gesellschaft" oder methodologische Schriften Webers nicht aufnehmen. Im ersten Abschnitt des Buches „Wissenschaft und Politik" sind dagegen die beiden Vorlesungen Webers „Politik als Beruf" und „Wissenschaft als Beruf" enthalten, im zweiten Abschnitt „Macht" Arbeiten aus dem zweiten Teil von Webers „Wirtschaft und Gesellschaft", im dritten Abschnitt „Religion" Arbeiten aus Webers „Gesammelte Aufsätze zur Religionssoziologie" und im vierten Abschnitt „Sozialstrukturen" Arbeiten aus Webers „Gesammelte politische Schriften". Die Auswahl der Texte erfolgt dabei hauptsächlich durch Gerth (Gerth und Mills 1958, S. VII).

In der ebenfalls vorrangig von Gerth verfassten Einleitung – Mills besteht aber darauf, als Mitautor genannt zu werden (Martindale 1982, S. 161; Gerth 2002, S. 191) – sind weitere Differenzen zu Parsons zu erkennen. Sie gliedern diese z.B. in drei Kapitel ein, wovon zwei jeweils die Biographie Webers und dessen politische Auffassungen behandeln, womit sie anders als Parsons (1937, 1947) das aktive Engagement Webers hervorheben (Gerth und Mills 1958, S. 32, 25). Bei der politischen Verortung betonen sie Webers Nähe zu den Sozialdemokraten und seine Distanz zu den Nationalsozialisten, hätte er zu diesem Zeitpunkt noch gelebt (Gerth und Mills 1958, S. 41, 43f.).

In ihrem theoretisch wichtigen dritten Kapitel „Intellectual Orientations" besteht für Gerth und Mills das grundsätzliche theoretische Problem nicht wie für Parsons in der Frage nach der Ordnung, sondern – vor dem Hintergrund der Ausbreitung totalitärer Gesellschaftssysteme – in der Ausbreitung der Rationalisierung und Bürokratisierung, die die Wahlmöglichkeiten der Menschen einschränkt (Gerth und Mills 1958e, S. 49). Insbesondere der Kapitalismus begrenzt für sie zunehmend die Entscheidungsoptionen des Einzelnen (Gerth und Mills 1958, S. 70, 65).

Für die Darstellung verwenden sie zudem eine wissenssoziologische Einordnung des Weberschen Werkes und thematisieren die Verbindung des persönlichen und politischen Hintergrundes zu seinem Werk (Gerth und Mills 1958, S. 23, 32). Auch rechnen sie ihn wegen seiner Analyse von Ideen selbst zu den Vertretern der Wissenssoziologie (Gerth und Mills 1958, S. 64; Bensman 1982).[36] Im Gegen-

---

36 Gerth und Mills (1958, S. 61) deuten in diesem Zusammenhang gleichfalls auf Parallelen von Webers Überlegungen zu denen von Friedrich Nietzsche und zum Pragmatismus hin (Turner 2009, S. XIII).

satz zur „Anti-Marx"-Interpretation von Parsons betonen sie die Affinitäten zu Marx, da Weber wie dieser ein Interesse an der Beziehung zwischen Ideen und Interessen, an Ideologien und der determinierenden Kraft der ökonomischen Basis besitze (Gerth und Mills 1958, S. 61, 48, 54). Sie gehen sogar von einer „drift" bei Weber hin zu marxistischen Ideen aus (Gerth und Mills 1958, S. 63, 65).[37] Darüber hinaus bezeichnen sie das für Parsons zentrale Webersche Konzept der „verstehenden Soziologie" als nur einen möglichen Typus der Soziologie unter mehreren (Gerth und Mills 1958, S. 56). Weiter behandeln sie ausführlich die Webersche Klassen- bzw. Statustheorie und betonen in diesem Kontext seine strukturellen Erklärungen, wobei die nicht-intendierten Konsequenzen des Handelns für sie von besonderem Interesse sind (Gerth und Mills 1958, S. 57f.).[38] Sie schlagen zudem eine konflikttheoretische Lesart von Weber vor, in der sie den Kampf der Werte betonen (Gerth und Mills 1958, S. 70), weshalb sie Religion nicht als Mittel der Integration verstehen. An keiner Stelle sprechen Gerth und Mills dagegen von dem „Theoretiker" Weber oder behandeln sie die Webersche Forderung der „Werturteilsfreiheit", die für Parsons (1965) von zentraler Bedeutung ist.[39]

---

37 Das Erkenntnisinteresse Webers ist zudem für Gerth und Mills (1958, S. 61) dezidiert die Analyse des Kapitalismus, nicht, wie für den späteren Parsons (1993), die der modernen westlichen Zivilisation. Sie behandeln deshalb die unterschiedlichen von Weber unterschiedenen Typen dieses Gesellschaftstyps, etwa den „politischen Kapitalismus", den „Abenteuerkapitalismus", den „modernen Industriekapitalismus" oder den „Hochkapitalismus" genauer (Gerth und Mills 1958, S. 68). Dagegen weisen sie auf die Unterschiede zwischen der Methodologie von Weber und von Durkheim hin (Gerth und Mills 1958, S. 57), womit sie sich indirekt gegen die „Konvergenztheorie" von Parsons (1937) wenden.

38 Für Gerth und Mills (1958, S. 57) liegt daher ein Widerspruch bei Weber vor, da seine „verstehende Methode" solche strukturelle Erklärungen eigentlich nicht erlauben würde.

39 Nach der Veröffentlichung von „From Max Weber" setzt sich Gerth weiter mit Weber und dessen Interpretation durch Parsons auseinander. Er übersetzt z.B., teilweise zusammen mit Don Martindale, mehrere Arbeiten Webers (1951, 1952, 1958) aus den „Gesammelten Aufsätzen zur Religionssoziologie" ins Englische. Pläne für eine eigene Monographie von ihm über Weber scheitern aber, obwohl Robert Merton ihn schon 1958 dazu ermuntert (Gerth 2002, S. 128). Mills (2000a, S. 282) schlägt ihm ebenfalls anlässlich der Veröffentlichung von Reinhard Bendix' intellektueller Biographie „Max Weber" vor, ein solches Buch zu verfassen, was seine Übersetzungsarbeit krönen würde. Gerth reagiert auch positiv auf diese Anregung von Mills und beabsichtigt, über Weber als „political man" schreiben, was Bendix für ihn in seinem Buch nicht behandelt, und dessen Werk um die Themen „Kapitalismus" und „Bürokratisierung" herum zu organisieren. 1964 muss er das Projekt aber aufgeben, nachdem durch einen Hausbrand all seine Manuskripte dazu vernichtet werden (Gerth 2002, S. 213f.).

Schon direkt nach dem Erscheinen 1946 wird der Reader für die Auswahl der Texte sowie für die Einleitung von ihnen gelobt (Neumann 1946/1947; Merriam 1947) und es wird ebenfalls von späteren Weber-Interpreten häufig auf dieses Werk verwiesen (Bendix 1960, S. 19; Horowitz 1962, S. 106; Coser 1977, S. 217, 234; Collins 1986, S. 125; Sica 2004, S. 15; Müller und Sigmund 2014, S. 7). Die Wirkung des Bandes ist dabei nicht nur auf die amerikanische Soziologie beschränkt, sondern er zählt auch in Großbritannien „zu den bekanntesten und meistgelesenen Einführungen in Webers Schriften in englischer Sprache" (Albrow 1989, S. 173). Bei einer Umfrage der „International Sociological Association" (ISA) (1998) aus dem Jahre 1997 zu den wichtigsten soziologischen Büchern des Jahrhunderts belegt es deshalb – als einziges Werk, das zum großen Teil aus Übersetzungen besteht – den 88. Platz.

4.2 „Character and Social Structure"

Mills ebenfalls mit Gerth (1953) erfolgte Beschäftigung mit der Sozialpsychologie in ihrem Werk „Character and Social Structure" wird dagegen weniger beachtet, obwohl es als Mills' „premier work of social theory" und als „Versuch einer großen Synthese" angesehen werden kann (Aronowitz 2012, S. 8; Hess 1999, S. 176; vgl. Scimecca 1977, S. 4; Geary 2009, S. 109; Trevino 2012, S. XII).[40] Eine Besonderheit ihrer Vorgehensweise ist ihr Fokus auf die Prägung des Sozialcharakters durch die Institutionen. Schon Merton (1953, S. XI) hebt in seinem Vorwort für das Buch als bisheriges Desiderat die Beschreibung der „psychological nature of the major social institutions" hervor und beschreibt dagegen den Ansatz von Gerth und Mills treffend als „an historically oriented psychology of social institutions".

Erneut knüpfen Gerth und Mills dabei an das Werk Webers an, zusätzlich berufen sie sich aber u.a. auf Sigmund Freud und Mead sowie in soziologischer Hinsicht auf Karl Marx und Mannheim (Gerth und Mills 1970, S. 12, 15). Sie gehen von dem von Merton angesprochenen Defizit in der zeitgenössischen Sozialpsychologie aus, dass dort nur eine ungenaue Bestimmung von Gesellschaft gegeben und stattdessen häufig von „Kultur" gesprochen wird (Gerth und Mills 1970, S. 15). Sie versuchen dagegen eine solche Gesellschaftsanalyse zu entwickeln und differenzieren die Institutionen dafür zunächst nach ihren Funktionen bzw. Zielen. Eine „institutionelle Ordnung" besteht daher für sie „aus allen denjenigen Ins-

---

40 Das späte Erscheinungsdatum des Buches ist dabei irreführend, da die erste Gliederung für das Werk auf das Jahr 1941, d.h. ihre gemeinsame Zeit in Wisconsin, zurückgeht (Geary 2009, S. 109).

titutionen innerhalb einer Sozialstruktur, die ähnliche Wirkungen und Ziele haben oder ähnlichen objektiven Funktionen dienen" (Gerth und Mills 1970, S. 35). Weiter unterscheiden sie fünf solcher Ordnungen: die politische, die ökonomische, die militärische, die verwandtschaftliche und die religiöse (Gerth und Mills 1970, S. 36). Die gesamte „Sozial-" bzw. „Gesellschaftsstruktur"[41] wird wiederum gebildet „aus einer bestimmten Kombination oder einem bestimmten Muster solcher institutioneller Ordnungen" (Gerth und Mills 1970, S. 35).

Dieses Gesellschaftsmodell ist zwar, wie sie selbst einräumen, von der Form der modernen Gesellschaft beeinflusst, in der die einzelnen Gebiete eine große Selbstständigkeit besitzen, es muss für sie aber immer erst empirisch geklärt werden, „welche institutionelle Ordnungen in einer mehr oder weniger autonomen Form bestehen [...]. Jede *Klassifizierung* von institutionellen Ordnungen im Hinblick auf ihre Funktion sollte als Abstraktion angesehen werden." (Gerth und Mills 1970, S. 37) Die Ordnungen sind zudem abzugrenzen von „Sphären" wie sie u.a. die Technologie nennen, die hinsichtlich ihrer Ziele selten oder niemals autonom sind und daher in verschiedenen Ordnungen auftauchen können. Eine Sozial- bzw. Gesellschaftsstruktur besteht für sie deshalb aus institutionellen Ordnungen und den Sphären (Gerth und Mills 1970, S. 39).

Die Verbindung zwischen den Personen und den jeweiligen Institutionen sehen sie darin, dass Letztere Menschen z.B. durch Kriterien wie Alter oder Geschlecht oder durch spezielle Tests auswählen bzw. ausschließen (Gerth und Mills 1970, S. 145, 160). Für die Verknüpfung ist für sie zudem die Idee der „Rolle" von zentraler Bedeutung, die für sie „das Hauptverbindungsstück zwischen Persönlichkeit und Sozialstruktur" darstellt und daher sowohl für die Definition der Person als auch für die der Institution wichtig ist (Gerth und Mills 1970, S. 33). In Hinblick auf die Menschen sind sie „der soziale Kern des Charakters" (Gerth und Mills 1970, S. 147). Es existiert für sie aber nicht nur eine Rolle, sondern, wie sie in Anlehnung an Merton (1967) formulieren, ein „Rollenset" (Gerth und Mills 1970, S. 26, 314).[42] Die Personen können zwar Distanz etwa zu ihren Berufsrollen entwickeln, die Institutionen prägen und formen sie aber dennoch u.a. durch ausdrückliche Erziehungsmechanismen (Gerth und Mills 1970, S. 147, 149f.).[43]

---

41 In der deutschen Übersetzung des Werkes wird „social structure" mit „Sozialstruktur" wiedergegeben, in der neuen Übertragung von „The Sociological Imagination" dagegen mit „Gesellschaftsstruktur" (Gerth und Mills 1970; Mills 2016).

42 Institutionen stellen für sie wiederum „eine Organisation von Rollen" dar (Gerth und Mills 1970, S. 27).

43 Besonders wichtig sind für sie in Anlehnung an Mead die „signifikanten Anderen", deren Anforderungen internalisiert und die von den Institutionen vorgegeben werden (Gerth und Mills 1970, S. 150, 73–101).

4.2 „Character and Social Structure" 27

Insbesondere gehen Gerth und Mills (1970, S. 161, 163) den Formen der sozialen Kontrolle in den einzelnen sozialen Feldern nach, im politischen Bereich erfolgt diese z.b. durch Legitimationen bzw. „Symbole der Rechtfertigung":[44] „Die Menschen unterdrücken einander durch Machtsymbole." Sie betonen daher, wie schon Mills (1963r) in seinen frühen Arbeiten zur Wissenssoziologie, die Bedeutung der Sprache für die Sozialpsychologie, „da sie es einerseits mit der Wirkweise von Institutionen, andererseits mit der Sozialisierung des Individuum zu tun hat" (Gerth und Mills 1970, S. 207). Sie vertreten dabei aber ein Konfliktmodell, da für sie ein „Monopol und Wettstreit der Symbole" vorliegt (Gerth und Mills 1970, S. 215).

Sie machen auch genauere Bemerkungen zur sozialen Schichtung, die für sie das zweite Analyseschema neben dem der „institutionellen Ordnungen" darstellt (Gerth und Mills, S. 229), wobei die vier relevanten Dimensionen der Beruf, die Klasse, d.h. die Höhe und Quelle des Einkommens, der Status, d.h. die „erfolgreich realisierten Prestigeansprüche" und die Macht sind.[45] Der Status ist für das „psychologische Verständnis der Personen" am wichtigsten, was sie am Beispiel von Minderheiten demonstrieren (Gerth und Mills 1970, S. 227, 239f.).

Für sie tendieren Sozialwissenschaftler zudem dazu, die Einheit der Gesellschaft wie z.B. die gemeinsamen Werte zu stark zu betonen, was den Blick von Konflikten ablenkt. In ihrem eigenen Modell muss dagegen, wie gesehen, erst deskriptiv untersucht werden, aus welchen Teilen die Gesellschaft besteht und wie sie miteinander verbunden sind, was wichtig für die Form ihrer Integration ist. Sie unterscheiden dafür zwischen dem „Milieu" und der „Struktur", wobei mit „Milieu" das soziale Umfeld einer Person bezeichnet wird, das „ihr durch persönliche Erfahrung zugänglich ist" (Gerth und Mills 1953, S. 253). Um dessen Wandel analysieren zu können, muss man jedoch über dieses hinausgehen und die gesamte Gesellschaftsstruktur betrachten. Ohne Mannheim (1940) namentlich zu nennen, beziehen sie sich auf dessen Idee der „principia media",[46] wenn sie deshalb unter

---

44 Hier ist z.B. ein Einfluss von Weber zu erkennen, da Gerth und Mills (1970, S. 177, 187–189) für die politische Ordnung dessen Machtdefinition verwenden und sie zudem an verschiedenen Stellen, z.B. bei der Unterscheidung der verschiedenen Typen des Kapitalismus und der Charakteristika der Weltreligionen auf ihn beziehen.

45 Diese vier Dimensionen lassen sich für sie zwar auch auf die institutionelle Ordnungen bzw. die Sphären anwenden, sie räumen aber selbst ein: „Die begrifflichen Entsprechungen von Schichtungsdimensionen und institutionellen Ordnungen sind jedoch nicht streng systematisch." (Gerth und Mills 1970, S. 228)

46 Wie gesehen, verfasst Mills (1940, S. 966) 1940 eine Rezension zu Mannheims' (1940) Werk „Man and Society in an Age of Reconstruction", in dem er dieses Modell von Mannheim besonders hervorhebt: „There are implicit in the book several considered views of sociological analysis. One is the constructing of working models of various

„Struktur" die Integrationstypen verstehen, „durch die Milieus miteinander verbunden sind, um einen größeren Kontext und die Dynamik des sozialen Lebens zu bilden. Diese Integrationsarten können als principia media dargestellt werden, die es uns ermöglichen, das zu verbinden, was in verschiedenen Milieus beobachtet ist, aber veranlaßt wurde durch strukturellen Wandel in institutionellen Ordnungen" (Gerth und Mills 1970, S. 253).

Auf dieser Grundlage differenzieren sie vier Typen des strukturellen Wandels, die wichtig für die Analyse der Integration sind: 1. die Korrespondenz, bei der in mehreren institutionellen Ordnungen ein Prinzip wirkt, 2. die Koinzidenz, bei der in den unterschiedlichen Ordnungen unterschiedliche Prinzipien wirken, 3. die Koordination, bei der eine institutionelle Ordnung den anderen übergeordnet ist und diese beherrscht, und 4. die Konvergenz, bei der zwei oder mehr institutionelle Ordnungen zu einer verschmelzen (Gerth und Mills 1970, S. 254). Bei diesen Veränderungen ist ebenfalls die Wandel der Rollen ins Auge zu fassen ist, z.B. „wieviele Leute eine vorgegebene Rolle innehaben und in welchem Tempo eine Rolle durch eine andere ersetzt wird" (Gerth und Mills 1970, S. 271).

Im letzten Kapitel des Werkes „Master Trends", das in der deutschen Übersetzung fehlt, deuten sie in der eigenen Analyse der gegenwärtigen Sozialstruktur die spätere Interpretation von Mills (1956) in „The Power Elite" an, wenn sie eine zunehmende Integration der ökonomischen, militärischen und politischen Strukturen in der Nachkriegszeit beobachten (Gerth und Mills 1953, S. 457).

Darüber hinaus findet sich in dem Buch erneut eine Diskussion der „Öffentlichkeit" bzw. der „Masse", wobei sie sich wieder auf die Definition der Öffentlichkeit von Speier (1952) stützen und die „Masse" von der „Öffentlichkeit" dadurch unterscheiden, dass Letztere immer dann existiert, „wenn Menschen außerhalb der Regierung das Recht haben, öffentlich diese zu kritisieren" (Gerth und Mills 1970, S. 297).[47] Sie beschreiben genauer drei Formen dieser Öffentlichkeit: eine primäre, die aus Gruppen von Menschen besteht, die miteinander diskutieren, eine zweite, die von Menschen gebildet wird, die einzeln von den Kommunikationsmedien angesprochen werden, und eine dritte in totalitären Gesellschaften, in der die primären Öffentlichkeiten durch Organisationen kontrolliert werden (Gerth und Mills 1970, S. 297f.).

---

social structures in their totality, typological models into which specific researches may be fitted. Such hypothetical models would overcome the partial perspectives due to ill-advised specialization."

47 Mills (1963x) nimmt dabei Überlegungen aus seinem zu dieser Zeit noch nicht veröffentlichten Aufsatz „The Sociology of Mass Media and Public Opinion" auf.

4.2 „Character and Social Structure"

Trotz seines hohen theoretischen Anspruches erfährt das Werk aber schon zeitgenössisch eine geringe Resonanz. Wie sich Mills (2000a, S. 177) in einem Brief an Gerth am 29. November 1953 beklagt, äußern sich sogar aus ihrem Umfeld nur Coser und Philip Rieff zu dem Buch: „But no one else has peeped a word. It is as if we had laid a large white egg."

Mills' Gesellschaftstrilogie 5

5.1 Frühe Rezensionen von Mills

Mills' (1948b, 1951, 1956) Gesellschaftstrilogie, d.h. seine drei Bücher „The New Men of Power", „White Collar" und „The Power Elite", die jeweils unterschiedliche Gesellschaftsschichten – die organisierte Arbeiterklasse, die Mittelklasse und die Elite – behandeln, zählen dagegen zu seinen bekanntesten Arbeiten. Er gebraucht für sie selbst den Ausdruck der „Trilogie". Als er 1951 in einem Brief die Idee für sein neues Werk über „The Rich" oder „The Upper Class" erwähnt, aus dem später „The Power Elite" wird, merkt er an, dass dies seine „trilogy" vollenden würde (Mills 2000a, S. 155).[48]

Erste Ideen für die Gesellschaftsbeschreibungen entwickelt Mills (1942, 1963b) in seinen frühen Rezensionen u.a. zu James Burnhams (1941) „The Managerial Revolution", Franz Neumanns (1942) „Behemoth" und Robert A. Bradys (1943) „Business as a System of Power" (Mills und Gerth 1963). In der zusammen mit Gerth verfassten Kritik zu Burnham, die im Januar 1942 erscheint, führen sie z.B. erneut Weber als Vorläufer in die Diskussion ein, da sie in der Gegenwart, wie bei Burnham, die Tendenz beobachten, die historische Entwicklung als Anwachsen der Bürokratien zu interpretieren (Mills und Gerth 1963, S. 53f.). Schon hier bezeichnen sie zudem als wichtigste sozialstrukturelle Veränderung den Aufstieg

---

48 In einem Brief an Elizabeth Cameron, seiner Lektorin von „Oxford University Press", schlägt Mills (2000a, S. 283) zudem vor, die drei Bücher miteinander zu kombinieren und daraus „a really big book on USA" zu machen.

einer „new middle class" (Mills und Gerth 1963, S. 55). Sie glauben aber, dass es ein Irrtum ist anzunehmen, dass deren technische und funktionale Unersetzbarkeit „are taken *ipso facto* as a prospective claim for political power" (Mills und Gerth 1963, S. 57).[49]

Sie kritisieren auch Burnhams Definition der „Manager", da er für sie damit zwei Gruppen bezeichnet: 1. die Mitglieder dieser neuen Mittelklasse, die technisch und industriell an der Produktion beteiligt sind, und 2. die Regierungsbürokraten (Mills und Gerth 1963, S. 64). Dieser Unterschied ist für sie wichtig, da viel von der Plausibilität seiner These darauf beruht, dass die Organisationen auf der gesamten Welt bürokratischer werden. Sie bemängeln auch, dass sich Burnham nicht dafür interessiert, wie diese umgestürzt werden könnten (Mills and Gerth 1963, S. 65).[50] Dagegen behandeln sie die Möglichkeiten des Widerstandes und halten Revolutionen für möglich, die aber nicht von „Technikern", sondern von revolutionären Führern initiiert werden, die die Massen hinter sich bringen können (Mills und Gerth 1963, S. 71).

Auch zu Neumanns (1942) Werk „Behemoth" erscheint von Mills in „Partisan Review" eine, in diesem Falle enthusiastische, Besprechung.[51] Darin hebt er u.a. besonders dessen Methode hervor, die für ihn eine Kombination von Einzel-Beschreibung und allgemeiner Analyse darstellt: „He has that knack of generalized description that describes more than its immediate object; and he sees many things in that object [...]." (Mills 1942, S. 432) Neumann erstellt z.B. Typologien der möglichen Formen des Imperialismus und geht somit über eine reine Deskription hinaus. Mills (1942, S. 437) weist darüber hinaus auf Neumanns Elite-Theorie hin und wendet sie schon implizit auf die USA an, wenn er meint, dass sie für die Ana-

---

[49] Dass auch dieses Argument auf Weber zurückgeht, wird in Mills' (1963m) Essay „The Sociology of Stratification" deutlich. Mills (1963m, S. 321) behandelt dort ebenfalls die Frage, ob eine Klasse, die funktional unersetzlich ist, die politische Macht besitzt, was für ihn aber schon von Weber in Bezug auf die Bürokratie widerlegt wurde.

[50] Mills und Gerth (1963, S. 67) bestreiten zudem den von Burnham behaupteten Einfluss der Experten auf die politischen Entscheidungen: „The turnover of experts within structures of power, military, industrial and governmental, does not conduce to their steady influence upon ultimate decisions."

[51] Die Parallelen zwischen Burnhams Ideen und Überlegungen der Kritischen Theorie zeigen sich dabei darin, dass Mills (Mills-Macdonald, 6. Februar 1942, DMP) nach der Veröffentlichung seines Artikels über Burnham Macdonald (1942) einen Sonderdruck davon schickt, der in „Partisan Review" ebenfalls eine Kritik an Burnham veröffentlicht hatte. In seinem Antwortbrief verweist Macdonald auf die entsprechenden Diskussionen in der Frankfurter Schule: „What did you think of Gurland's and Pollock's pieces on state capitalism in their last issue?" (Macdonald-Mills, 26. Februar 1942, DMP).

lyse der Tendenzen in den demokratischen Staaten ebenfalls relevant ist, weil dort die Möglichkeit einer ähnlichen Entwicklung wie in Deutschland besteht. Eine weitere wichtige Rezension veröffentlicht Mills (1963b, S. 72) zu Robert A. Bradys Werk „Business as a System of Power" am 12. April 1943 in der Zeitschrift „The New Republic", in der er die Parallelen zu der Theorie Neumanns hervorhebt, da auch Brady die Verbindung von Faschismus und Monopolkapitalismus untersucht. Erneut weist er dabei die These der stärkeren Rolle der Manager zurück, da die Eigentümer für ihn nur die Geschäftsfunktionen, nicht aber die politische Macht abgegeben haben. Der Privatbesitz bleibt daher weiterhin die Basis der Macht der Wirtschaft, weshalb er die politische Bedeutung der Arbeiterbewegung betont: „The chief social power upon which a genuine democracy can rest today is labor. The political power of business indicates clearly that it is not enough for labor to struggle economically with business." (Mills 1963b, S. 75) Deshalb ist es für ihn notwendig, dass sich die Gewerkschaften auch als politische Bewegung konstituieren: „Unless trade union unify into an independent political movement and take intelligent action on all important political issues, there is danger that they will be incorporated within a government over which they have little control." (Mills 1963b, S. 75f.) Brady selbst beschränkt sich in seinem Buch aber, so die Kritik von Mills (1963b, S. 76), auf die Beschreibung der gesellschaftlichen Tendenzen, nicht aber einen möglichen Widerstand dagegen.

5.2 „The New Men of Power"

Dies weist auf die Gründe für Mills' (1948a, 1948b) Interesse an den Gewerkschaften und der Arbeiterbewegung hin, das sich schon in seinem Aufsatz „,Grass-Roots' Union with Ideas" gezeigt hatte.[52] Sein erstes Buch seiner Triologie, „The New Men of Power", das er in einem Brief an Macdonald auch „The Labor Leader: Who he is and what he thinks" nennt (Mills 2000a, S. 107), bezeichnet er in dem Appendix zu seinem späteren Werk „The Sociological Imagination" daher selbst als „eine politisch motivierte Arbeit" (Mills 2016, S. 296; vgl. Hess 1999, S. 177). Es ist deshalb zweigeteilt: „a despairing analysis of American labor leaders and a radical program resting on a union of labor power and left-wing intellect", wobei es

---

52 Andere Arbeiten von ihm zu dem Thema werden über den Kontakt zu J.B.S. Hardman und zu dessen „Inter-Union Institut for Labor and Democracy" (IUI) in der Zeitschrift „Labor and Nation" veröffentlicht (Geary 2009, S. 81–84; u.a. Mills 1947). Mills plant zudem Februar 1945 noch, ein Buch zu dem Komplex „labor and politics" mitherauszugeben und fragt, ob Gerth einen Beitrag dafür verfassen will (Mills 2000a, S. 96). Dieses erscheint jedoch nicht.

das „most concrete program for radical transformation" darstellt, das sich in Mills' Studien finden lässt (Geary 2009, S. 96, 100). Mills (2000a, S. 120) schickt seinen Eltern das Buch selbst ausdrücklich mit der Aufforderung zu, ihm zu schreiben, wie sie insbesondere das erste und die letzten beiden Kapitel finden, die seiner eigenen Ansicht nach ein „radical program for America today" beinhalten. Er hat deshalb aber Sorgen vor der Aufnahme des Werkes an der „Columbia"-Universität und überlegt, an die „New School of Research" zu wechseln,[53] entscheidet sich auf Anraten von Gerth aber dagegen (Mills 2000a, S. 109).

Wie er zu Beginn des Buches explizit ausführt, ist das Thema für ihn von politischer Bedeutung, da die Arbeiterführer in der Gegenwart „member[s] of the elite of power" und damit strategisch wichtig geworden sind: „They are the only men who lead mass organizations which in the slump could organize the people and come out with the beginnings of a society more in line with the image of freedom and security common to left traditions." (Mills 1948b, S. 7, 30) Sie repräsentieren daher für ihn „the only potentially liberating mass force", zudem erfolgt ein stärkerer Druck der einfachen Mitglieder in diese Richtung (Mills 1948b, S. 169, 30).

Die Studie basiert zum einen auf einer Umfrage unter 500 Teilnehmern (Mills 1948b, S. 9), an die im Mai und Juli 1946 Fragebögen verschickt werden.[54] Zusätzlich verbindet er deren Portraits u.a. mit der Beschreibung des Aufbaus der Gewerkschaften und den verschiedenen politischen Öffentlichkeiten, deren Vorstellungen für sie wichtig sind und sie daher beeinflussen (Mills 1948b, S. 9f.). Die für sie relevanten Publika unterteilt er in seinem „politischen", ersten Kapitel in zwei Klassen: 1. in eine kleine Gruppe der politisch interessierten Öffentlichkeiten und 2. die breite Masse der amerikanischen Öffentlichkeit, die politisch passiv ist (Mills 1948b, S. 14).[55]

Die erste Gruppe differenziert er weiter in 1. die „Far Left", die durch die trotzkistischen Parteien repräsentiert wird und fordert, dass der Arbeiterführer der Führer oder Anhänger einer radikalen Partei wird, 2. „The Independent Left", zu der viele Intellektuelle zählen und die auf eine generelle Neuausrichtung der Linken, weniger auf konkrete Handlungen abzielt, 3. das „Liberal Center", das

---

53 Mills (2000a, S. 109) beschreibt die Bedenken in einem Brief an Gerth vom 13. Februar 1948 genauer so: „To tell you the truth I am very worried about it: it is so very political […]. God knows what the consequences of it will be, but it had to be said anyway."

54 Eine erste empirische Vorstudie dazu, „The Trade Union Leader: A Collective Portrait", erscheint 1945 in der Zeitschrift „Public Opinion Quarterly" (Mills 1963c).

55 Mills (1948b, S. 14, 1964a) schließt dabei an seine Arbeiten zur Wissenssoziologie an, da er, wie in seiner Promotion, die politischen Öffentlichkeiten durch die Zeitschriften bestimmt, die die Menschen lesen.

die Gewerkschaften als ökonomische Interessengruppe versteht, 4. die „Kommunisten", die sie als Mittel für ihre Zwecke ansehen, 5. die „Practical Right", die einen puren „anti-unionism" und Kampf gegen die Arbeiterbewegung praktiziert, und 6. die „Sophisticated Conservatives", die sich innerhalb der Eliten bewegen und die Gewerkschaften als stabilisierende Größe begreifen (Mills 1948b, S. 13–26). In der Gegenwart sind für ihn davon die „praktischen Rechten" und das „liberale Zentrum" am einflussreichsten, während die „radikale Linke" und die „unabhängige Linke" keine nennenswerte politische Wirkung besitzen (Mills 1948b, S. 27).

Nach Mills (1948b, S. 28-30) könnte sich durch eine ökonomische Depression diese Situation aber verändern und die Ideen der bisher unbedeutenden Gruppen wie der Linken und der „Sophisticated Conservatives" politisch relevant werden, die dann um die Unterstützung der Gewerkschaften kämpfen würden. Zudem ist das Bild der breiten, unpolitischen Öffentlichkeit von den Arbeiterführern verschwommener, weshalb es durch die politischen Öffentlichkeiten leicht zu formen ist. Die These von Mills (1948b, S. 32) lautet daher, dass sich bei einer Rezession die Kräfteverhältnisse wandeln und sich die bisher nicht politisch interessierte Öffentlichkeit, weil die politischen Meinungen „trickle from smaller alert publics to the passive mass of the people", den politischen anschließen könnten.

Mills (1948b, S. 53) untersucht auch den Aufbau der Gewerkschaften und skizziert deren Anwachsen nach 1935, da die Mitgliederzahlen von 3.400.000 bis 1944 auf 13.600.000 steigen. Sie sind aber in zwei Organisationen aufgegliedert: die „American Federation of Labor" (AFL) und die „Congress of Industrial Organization" (CIO) (Mills 1948b, S. 54). Ein Unterschied zwischen beiden besteht darin, dass viele der Gewerkschaften in der AFL Arbeiterinnen und Arbeiter mit ähnlichen Fähigkeiten umfassen, in der CIO dagegen Industriegewerkschaften dominieren, die von Personen gebildet werden, die in einer Industrie unabhängig von deren Können, Training oder Funktion tätig sind, wie z.B. in der Auto- oder der Stahlindustrie (Mills 1948b, S. 55).[56]

Er kritisiert aber, dass diese Gewerkschaften entgegen ihrer eigenen Aussage kein politisches Programm und keine „explicit ideology" entwickelt haben (Mills 1948b, S. 195f., 164). Die bisherigen Versuche für eine eigene Arbeiterpartei waren zudem, u.a. wegen der Kampagne von Henry Wallace 1947–48 für eine drit-

---

56 Differenzen zwischen beiden Organisationen zeigen sich auch bei ihren Vorsitzenden, z.B. sind diese in der CIO jünger (Mills 1948b, S. 69). Mills (1948b, S. 84–108, 122–132, 133–149) geht in der Folge auch u.a. den familiären Wurzeln der Vorsitzenden sowie deren früheren Berufen nach.

te Partei, die aber nur eine Frontorganisation der Kommunisten war, ergebnislos (Mills 1948b, S. 209f.). Die „main drift" der Gesellschaft führt für Mills (1948b, S. 223) aber aufgrund des Bedürfnisses nach einer Stabilisierung der Ökonomie zu einer Integration der Gewerkschaftsbürokratie in die Wirtschaft auf drei Ebenen: 1. im Betrieb, 2. innerhalb des einzelnen Industriezweiges und 3. in der nationalen „politischen Ökonomie" als Ganzes. Im ersten und zweiten Fall unterstützen die Gewerkschaften dabei die weitere Rationalisierung des Arbeitsplatzes und die zunehmende Standardisierung bzw. Monopolisierung der Wirtschaft, im dritten Fall sieht Mills (1948b, S. 223–229) die Tendenz der zunehmenden Integration der potentiell demokratischen Kräfte in den Staat.

In den letzten beiden „politischen" Kapiteln entwickelt er dagegen Alternativen zu diesem Trend, da die Gewerkschaftsvorsitzenden für ihn von den Intellektuellen Ideen für solche politische Optionen brauchen, weil diese kein eigenes politisches Programm besitzen. Mills (1948b, S. 239f.) plädiert für eine Kombination der Vorstellungen der „radikalen Linken" mit denen der „unabhängigen Linken" und schlägt politische Ziele für alle drei genannten Ebenen vor: da der Kern der linken Tradition für ihn die Demokratisierung der gesellschaftlichen Strukturen ist, besteht für ihn zunächst eines darin, am Arbeitsplatz die Kontrolle der Arbeiter über ihre Arbeit zu gewinnen und damit „a democracy inside the workshop" zu etablieren (Mills 1948b, S 254f.). Dafür ist es aber notwendig, auf der Ebene des jeweiligen Industriezweiges die Kontrolle über die Produktion und damit ein möglichst hohes Level der Produktion bzw. des Konsums zu erreichen. Um dies durchsetzen zu können, ist zusätzlich eine politische Agenda und eine eigene dritte Partei erforderlich, u.a. weil der Staat eine immer stärkere politische Rolle spielt (Mills 1948b, S. 257–262).[57] Diese könnte zudem zu einem „third camp" in der Welt werden (Mills 1948b, S. 263).[58] Er sieht auch unter den Arbeitern das Potential dafür wachsen, da diese nach dem Kriegsboom bei der nächsten Depression eine Arbeitslosigkeit nicht mehr akzeptieren würden: „The people will tend to see

---

57 Auch ist dafür für ihn die Verwendung sozialwissenschaftlicher Ergebnisse notwendig: „Modern techniques of social observation and analysis have not yet begun to be developed for political use. It is the left's desire to capture the political intellect in order to gain a continual re-evaluation of its going program and in order to make public a continuous ‚bookkeeping' of the U.S. political economy." (Mills 1948b, S. 264f.)

58 Mills verfasst in dieser Zeit u.a. mit Coser ein „Manifest" mit dem Titel „A Third Camp in a Two-Power-World", das aber nicht mehr erscheint, obwohl es noch in der Winter-Ausgabe 1947 von „Politics" angekündigt wird. Es gibt in der Zeit zudem Überlegungen zusammen mit u.a. Mills, Coser (1984, S. 49), Marie Jahoda und Rose L. Coser eine unabhängige Gruppe von radikalen Intellektuellen zu gründen (Geary 2009, S. 120–123).

the new slump as a continuation of the old one; they will also see a continuation in the buildup to another war." (Mills 1948b, S. 273)

Bei der Frage nach möglichen politischen Verbündeten für diesen Plan geht er auf die „neue Mittelklasse" ein, die er schon in der Besprechung von Burnhams (1941) „The Managerial Revolution" kurz erwähnt hatte und die für ihn potentielle Gewerkschaftsmitglieder umfasst (Mills 1948b, S. 275; Mills und Gerth 1963). Er schlägt deshalb vor, sie durch die Gewerkschaften gesondert anzusprechen, weil diese „new class" bisher kein politisches Bewusstsein oder eine eigene Organisation entwickelt hat (Mills 1948b, S. 279f.). Er betrachtet zudem die Rolle der Intellektuellen bei dem Prozess und greift dabei Ideen aus seinem Artikel „‚Grass-Roots' Union with Ideas" auf, wobei für ihn besonders das Fehlen von „union-made" Intellektuellen auffällig ist, die die praktische Arbeit innerhalb der Organisation mit dem weiteren Blick der Intellektuellen kombinieren vermögen (Mills 1948a, 1948b, S. 286). Diese könnten aber als „center of identification for all intellectual elements in America" dienen, die sich heimat- und machtlos fühlen (Mills 1948b, S. 286).

Trotz dieses politischen Gehalts des Werkes ist Mills' (2000a, S. 121) Angst vor seiner negativen Rezeption aber unbegründet, er schreibt dazu selbst an Gerth: „Reaction to it here in the left circles is so far pretty good." Es wird zudem auch von Merton gelobt, der es mit Mills (2000a, S. 121) beim Essen bespricht und dabei besonders positiv dessen Form, d.h. die „integration of tables and text, typologies", hervorhebt. Ein Brief an Hans Gerth und seine Frau schließt Mills (2000a, S. 143) deshalb selbst mit den Worten: „so I guess after all, it has gone pretty well".[59]

Von Howe (1948, S. 1356), der selbst ein Werk über die Auto-Gewerkschaft verfasst (Howe und Widick 1949), erscheint in der Zeitschrift „Partisan Review" ebenfalls eine positive Besprechung, in der er Mills in der Diagnose grundsätzlich rechtgibt: „Have there ever before been a time when American intellectuals felt so dispirited and helpless about politics, so ready to allow their moods to dominate their minds?" Er ist Mills zudem dafür dankbar, dass er versucht, in einer solchen Zeit, die Diskussion über die Politik wieder zu eröffnen. Er übt aber Kritik an den programmatischen Abschnitten des Buches, da er als größtes Hindernis für die Mills'sche Perspektive die „atomization and demoralization of the anti-Stalinist left" sieht (Howe 1948, S. 1359). Die Intellektuellen unterschätzen daher für ihn

---

59 In dem Brief an Hans Gerth und seine Frau berichtet Mills (2000a, S. 143) ihnen zudem, dass sie bereits eine neue Auflage des Buches drucken, weshalb es sich bis Ende des Jahres zwischen 5000 und 6000mal verkauft hat. Dennoch hat er weiter Sorgen und formuliert es in einem Brief an Gerth vom 26. April 1949 in der dritten Person drastisch so: „He is going to be out on his academic ass from writing political books like New Men and White Collar." (zit. n. Oakes und Vidich 1999, S. 79)

ihre Kraft, was sich jedoch unter bestimmten Bedingungen ändern könnte: „if there were some kind of regroupment of the anti-Stalinist left (which is, at the moment, not very likely) it might effectively prod certain sections of the labor movement in the direction Mills proposes" (Howe 1948, S. 1359).

Solch eine Sammlung versucht Howe in der Zeit zusammen mit anderen mit der Zeitschrift „Politics", da es vor deren Einstellung 1949/Ende 1948 Pläne gibt, sie neu zu beleben und dafür mehr Personen als Unterstützer zu gewinnen, in die Mills involviert ist. Mills (Mills-Macdonald, undatiert [1948, 1949], DMP) schlägt z.B. ebenfalls eine Gemeinschaftsaktion vor, um das Magazin zu retten. Trotz seiner ursprünglichen Anregung lehnt er aber die Aufnahme in ein „board of editors" einer solchen neuen „Politics" ab. Als Gründe nennt er in einem Brief vom 20. November 1948 an Macdonald u.a., dass er nur mehr über Themen schreiben will, die ihn interessieren und er sich zudem selbst unsicher über seine eigene politische Position ist (Mills-Macdonald, 20. November 1948, DMP).[60]

5.3 „White Collar"

Mills' (1948b) z.T. politische Begründung für seine Weigerung, bei der neuen „Politics" als Herausgeber mitzuwirken, spiegelt einen Wandel in seiner politischen Einstellung gegenüber „The New Men of Power" wider. Noch in einem Brief an Gerth vom 26. September 1948 zeigt er sich sicher, dass sich, wie von ihm gewünscht, der Gewerkschaftschef der UAW Walter Reuther im Herbst diesen Jahres für die Gründung einer eigenen Arbeiterpartei aussprechen wird und ihm die Gewerkschaften der Schiff- und Textilarbeiter darin folgen werden (Mills 2000a, S. 122). Aufgrund des Ergebnisses der Präsidentschaftswahlen im November 1948 aber, die überraschend von dem demokratischen Kandidaten Harry Truman gewonnen werden, wird er jedoch pessimistischer und verliert den Glauben an einen

---

60 Als weitere Möglichkeit regt Mills an, „Politics" mit der Zeitschrift „The New International" zu fusionieren und dabei selbst in einem „editorial board" mitzuarbeiten. In dem Brief an den Herausgeber von „The New International" Thompson Conley betont er weiter die Notwendigkeit solch eines Magazins: „All of us agree on the great need of a radical journal we can all get behind." Er schlägt dabei vor, den Namen „Politics" zu behalten, und ein großes „editorial board" mit ihm, Howe, Macdonald, Mary McCarthy und Hannah Arendt zu bilden (Mills-Conley, 28. April 1949, DMP). Auch dieser Vorschlag führt aber zu keinem Ergebnis, weil Macdonald nun eine zu große Bandbreite unter den Herausgebern befürchtet. Das Gespräch mit Conley zeigt für Macdonald auch, dass die Differenzen größer sind, als zunächst gedacht (Macdonald-Mills, 28. Mai 1949, DMP).

5.3 „White Collar"

linken Wandel in den USA (Geary 2009, S. 121). Sein letzter Artikel in der Zeitschrift „Labor and Nation" erscheint z.B. daher im Jahre 1949 (Mills 1949b). In seinem späteren Aufsatz „The Labor Leaders and the Power Elite" aus dem Jahre 1954 hegt er auch keine Hoffnung mehr auf eine Bildung einer solchen dritten Partei (Mills 1963d, S. 98).

Mills' (1951, 1948b) zweiter Band seiner Trilogie, „White Collar", in dem er die Mittelklasse behandelt, die er schon in „The New Men of Power" kurz angesprochen hatte, wird dadurch zu einem „work of thourougly disillusioned radicalism" (Geary 2009, S. 125). Er beschreibt dessen generelle Anlage selbst in einem Brief so: „No pronouncements, no calls for action" (Mills 2000a, S. 116). Anders als bei seinem ersten Buch ist die Abfassung zudem ein langwieriger und schwieriger Prozess.[61]

Er hat z.B. starke Probleme mit dem Aufbau der Arbeit. In einem Brief an Gerth vom 16. Juni 1948 beklagt er sich, dass er sich von den Notizen dazu überwältigt fühlt, die sich in den letzten Jahren angesammelt haben, und fragt sich: „Will I ever make order out of this chaos of bits and pieces and grand notions that won't come off?" (Mills 2000a, S. 114) Auch in der Folge äußert er sich ungewohnt selbstkritisch zu dem Entwurf: „I look over the damn manuscript on *White Collar* and on every page see the judgements and the possibility for ignorance and error and it overwhelms me." (Mills 2000a, S. 137) Noch kurz vor Abschluss der Arbeit beschreibt er das Buch gegenüber Gerth und dessen Frau als „disordered and difficult as ever" (Mills 2000a, S. 142). Darüber hinaus hat er Schwierigkeiten mit der Verbindung des Interview- mit dem statistischen Material (Mills 2000a, S. 114, 115), weshalb er zum Schluss wenige der für das Werk durchgeführten Befragungen verwendet.[62]

Das Buch macht zudem in der langen Entstehungszeit eine starke formale Veränderung durch, da es in seiner quantitativen Ausrichtung zunächst seiner früheren Arbeit „The New Men of Power" ähnelt (Mills 1948b). In einem Brief an Gerth vom August 1946 berichtet Mills (2000a, S. 99, 1949a, 1949b) ihm z.B. von einem Artikel über die Angestelltengewerkschaften, von dem er später Teile in „White Collar" aufnimmt und den er noch so beschreibt: „I have worked out the proportions of the total wageworker and the total white collar worker that is unionied for

---

61 Mills (2000a, S. 68f.) erhält bereits im Sommer 1944 einen Vorschuss des „Prentice-Hall"-Verlag für das Werk, es erscheint aber erst 1951. Seit 1945 erhält er zudem von der Guggenheim-Stiftung finanzielle Unterstützung für das Buch (Mills 2000a, 96).

62 Mills (1955, S. 472) kündigt in dem Buch zwar eine spätere Veröffentlichung dieser ausführlichen Interviews an, diese ist aber nicht mehr erfolgt.

each 5 year point within these 45 years. (By 1944, 14.8 % of the white collar workers and 30% plus of the wageworkers were members of unions.) So these tables, with their cross tabulations, make up the backbone of a good 50-page hunk on white collar unions." 1946 charakterisiert er einen Abschnitt des Werkes in einem Brief an Macdonald auch selbst als „very heavy with fact" (Mills-Macdonald, 22. Juli 1946, DMP). Sein erster Artikel, der zu diesem Thema 1946 erscheint, ist gleichfalls noch stark quantitativ angelegt (Mills 1963k).

Mills (Mills-Macdonald, 22. Juli 1946, DMP) deutet aber selbst einen Wandel an, wenn er in dem genannten Brief an Macdonald weiter ausführt, dass ein Teil dieser Arbeit, den er ihm schicken will, in stilistischer Hinsicht geschrieben ist, „*as if* for politics or PR [Partisan Review] or Harper's", weshalb er ihn ihm für einen Abdruck in „Politics" anbietet. Das Buch soll jetzt zudem, wie er es in einem Brief an seine Eltern vom 18. Dezember 1946 nennt, ausdrücklich ein „book for the people" werden: „it is everybody's book. So I am trying to make it damn good all over. Simple and clean cut in style, but with a lot of implications and subtleties woven into it." (Mills 2000a, 101, vgl. S. 69) Er bezeichnet es in dem Schreiben deshalb auch als „my little work of art" (Mills 2000a, S. 101).

Die Metapher ist von Mills nicht zufällig gewählt, da er sich in dieser Zeit intensiv mit dem Verhältnis der Soziologie zur Literatur in einem Brief auseinandersetzt, der in der Frühjahrsausgabe 1948 von „Politics" veröffentlicht wird und in dem er sich mit dem Buch „Let Us Now Praise Famous Men" von James Agee und Walker Evans beschäftigt.[63] Wie er dort ausführt, erwartet er von dem Werk

---

63 Mills (2000a, S. 78) sendet 1944 auch selbst einen Entwurf für einen eigenen Roman an Felice Swados, die sich positiv dazu äußert. Ende der 1950er Jahre arbeitet er ebenfalls an einer „play-novel-movie" mit dem Titel „Unmailed Letters to a Fey Tiger" heißt, die in Jugoslawien spielen soll (Mills 2000a, S. 262, 330). Dabei ist gleichfalls ein Einfluss der NYI, insbesondere von Lionel Trilling, zu erkennen. Mills (Mills-Trilling, 2. Februar 1943, LTP) schreibt ihm 1943 in einem Brief über seine Geschichte von ihm „Of this time, of that place", die in „Partisan Review" erschienen war: „Not being a literary critic I am unskilled in saying just why your story in the current PR impels me to write you. Perhaps it is simply because you have made little episodes in my own experiences into portentous happenings. It seems the way into the profession has certain common features; you know about these; for a long time you carry them about. It is enheartening to know that another also does; that he does something about them aesthetically; his expressing them and their mood is both pleasing and downright helpful." Mills (2000a, S. 48, 49, 159) nutzt literarische Texte wie „Darkness at Noon" von Arthur Koestler auch in seinen soziologischen Seminaren, hält eine Veranstaltung über Romane über primitive Völker ab und plant später einen Kurs zu dem Thema „Balzac as sociologist". Darüber hinaus verfasst er selbst literatursoziologische Arbeiten und beschäftigt sich z.B. in dem Artikel „The Complacent Young Men" mit der Hauptfigur von John Osbornes Stück „Look Back in Anger" (Mills 1963o).

5.3 „White Collar"

eine Antwort auf eine Frage, die ihn seit mehreren Jahren beschäftigt: „How can a writer report fully reports the ‚data' that social science enables him to turn up and at the same time include in his account the personal meanings that the subject often comes to have for him?" (Mills 2000a, S. 111) Die Sozialwissenschaftler haben für ihn dazu Verfahren des Schreibens entwickelt, die diese Bedeutungen nicht mehr beinhalten. Agees Text dagegen ist zwar auf den ersten Blick nur ein Bericht über eine Reise in den Süden der USA, für Mills (2000a, S. 112) aber zugleich eines der besten Beispiele für eine teilnehmende Beobachtung dar, die er je gelesen hat, und damit der Versuch einer „sociological poetry". Diesen Ausdruck erläutert er genauer so: „It is a style of experience and expression that reports social facts and at the same time reveals their human meanings." (Mills 2000a, S. 112) Die „soziologische Poesie" steht für ihn damit zwischen „the thick facts and thin meanings of the ordinary sociological monograph and those art forms which in their attempts at meaningful reach do away with the facts". Ein Maßstab für ihren Erfolg wäre dabei, dass sie „the full human meaning in statements of apparent fact" enthält (Mills 2000a, S. 112). Diesem Ideal kommt Agee zwar in manchen Passagen nahe, er erreicht das Ziel letztlich aber nicht. Ein Grund dafür ist für Mills (2000a, S. 113), dass ihm „the self-disciplin of the craftsman of experience" fehlt. Dennoch hebt er an dem Buch die Größe der selbstgestellten Aufgabe hervor Mills (2000a, S. 113).[64]

Diese Überlegungen haben zudem Einfluss auf die Konzeption seines eigenen Werkes „White Collar". In einem Brief an William Miller, wahrscheinlich aus dem Sommer 1948, berichtet er ihm, dass er nun den zweiten Teil der Arbeit über die „The new society" verändert hat: „once the dull factual part, now becomes different: all facts buried in poetic-sweep stuff about meaning, for people, for society" (Mills 2000a, S. 116). Eine weitere Veränderung des Charakters erfolgt dadurch, dass Mills kurz vor Abgabe des Manuskripts, u.a. auf Betreiben des Verlegers, den

---

64   Dieses Verhältnis von Soziologie und Literatur wird auch von anderen aus dem Kreis der NYI behandelt. Glazer (1946b, S. 79) nennt z.B. bei der Untersuchung von Themen wie dem Anti-Semitismus ebenfalls die Literatur noch als Konkurrenz zur Soziologie, da die Sozialwissenschaftler für ihn häufig „less understanding than some of the serious literary men" zeigen. David Bazelon (1948, S. 190), der ebenfalls zu der Gruppe der NYI zählt, macht in seiner Besprechung des Buches „The American People" von Geoffrey Gorer, die 1948 in „Commentary" erscheint, gleichfalls generelle Bemerkungen zum Standort des Faches als „dritte Kultur": „In general one can say that sociology lies in the mid-ground between politics and literature (which some centuries ago, before the birth of sociology, were not nearly so much separated as they are now.) To realize themselves, each of the two disciplines must fructify the other."

größten Teil des ursprünglich umfangreichen Fußnotenapparates streicht (Geary 2009, S. 125, 246).[65]
Inhaltlich ist Mills (2000a, S. 87f., 1955, S. 473) u.a. durch die Ergebnisse der bereits genannten „Decatur"- sowie der „Small Business and Civic Welfare"-Studie beeinflusst, die er im Frühjahr 1945 im Auftrag der „Smaller War Plant Cooperation" für eine Senatsanhörung zu diesem Thema durchführt.[66] Weiter ist er u.a. vermittelt über Gerth, von der deutschen Literatur zu diesem Thema und von der „left-wing analysis" der Gesellschaft als „Massengesellschaft" geprägt (Geary 2009, S. 112f., 115). Mills (1955, S. 474) selbst nennt als Quellen für das Werk neben amerikanischen Autoren wie etwa Lewis Corey und erneut Weber z.B. Arbeiten von Erich Fromm, Emil Lederer, Hans Speier und Mannheim. Zudem hat er schon zu diesem Zeitpunkt die Grundzüge des mit Gerth gemeinsam verfassten Buches „Character and Social Structure" ausgearbeitet, obwohl es erst 1953 erscheint (Geary 2009, S. 109; Gerth und Mills 1953).

In der Einleitung von „White Collar" diagnostiziert er daher zwar als Ausgangspunkt eine zunehmende Angleichung der Lebensbedingungen der Angestellten an die der Arbeiter, er sieht jedoch eine Differenz in der Psychologisierung der Probleme: „Den materiellen Nöten des Industriearbeiters des neunzehnten Jahrhunderts entsprechen im zwanzigsten Jahrhundert die seelischen Nöte der kleinen Angestellten." (Mills 1955, S. 19) Zur Charakterisierung der gegenwärtigen Gesellschaft hält er deshalb psychologische Begriffe für notwendig (Mills 1955, S. 26).[67] Schon hier benutzt Mills (1955, S. 26, 1959b) zudem für das Ziel seiner Arbeit eine Formulierung, wie er sie später in „The Sociological Imagination" verwendet: „Die moderne Sozialforschung hat erkannt, daß der einzelne weder seine eigenen Erlebnisse begreifen noch sein eigenes Schicksal ermessen kann, wenn er sie nicht im richtigen Zusammenhang mit den Strömungen seines Zeitalters und mit dem Gesamtschicksal aller Menschen seiner gesellschaftlichen Schicht zu sehen versteht."

---

65 Die ursprüngliche Version von „White Collar", die er bei dem Verlag abgibt, enthält noch 83 Seiten mit einzeiligen Fußnoten (Oakes und Vidich 1999, S. 175).

66 Darin untersucht Mills (1955, S. 473, 2000a, S. 87–88) verschiedene mittelgroße Städte, die danach ausgewählt werden, ob dort kleine Unternehmen oder „central office goups" von auswärtigen Unternehmen dominieren. Zudem gehen in das Werk „White Collar" Ergebnisse der Studie „Everyday Life in America" ein, in dessen Rahmen er im Herbst 1946 ausführliche Interviews dafür führen lässt (Mills 1955, S. 472; Geary 2009, S. 111). Wie gesehen, benutzt er davon aber nur wenige in dem fertigen Buch.

67 Der ursprüngliche Titel des Werkes lautet auch „The White Collar Man: A Social Psychology [!] of the Salaried Employee in the United States" (Mills 2000a, S. 68f.).

5.3 „White Collar"

Zunächst beschreibt er als Kontrast den früheren „alten Mittelstand", der im Unterschied zu dem in Europa in den USA hauptsächlich aus unabhängigen Farmern bestand, wobei er in einem Brief selbst einräumt, dass er damit eine „utopian past" skizziert (Mills 1955, S. 30, 2000a, S. 116). Kennzeichnend für diesen war das Eigentum an den eigenen Produktionsmitteln, was für Mills (1955, S. 33–36) auch die Grundlage für die Demokratie darstellte. Durch die zunehmende Monopolisierung und Konzentration im wirtschaftlichen Leben entfällt diese Voraussetzung aber in steigendem Maße (Mills 1955, S. 54).

Der wachsende „neue Mittelstand" bzw. die „new middle class" besitzt dagegen kein Eigentum mehr (Mills 1955, S. 103). Dessen Aufstieg führt er u.a. auf die Veränderung der Berufsstruktur, d.h. der Verlagerung von der „*Herstellung von Gegenständen*" zu der Beschäftigung mit „*Menschen und Symbole[n]*", die stetige Bürokratisierung sowie die Zunahme staatlicher Aufgaben zurück (Mills 1955, S. 104, 107f.). Die Unterschiede unter ihm sind aber größer als unter den Arbeitern, weshalb er den verschiedenen einzelnen Angestelltentypen genauer nachgeht.

Er beginnt an der Spitze der Hierarchie und behandelt zunächst die leitenden Angestellten, d.h. die „Manager" (Mills 1955, S. 113, 116), wobei für ihn Charakteristika der zeitgenössischen Ökonomie allgemein „die wachsende Bürokratisierung und die Ergänzung oder gar Verdrängung des Eigentümers als Unternehmensleiter durch einen Manager" sind (Mills 1955, S. 138). Sie arbeiten daher z.B. in Bürokratien. Eine neue Form ist der „neue Unternehmer", der bürokratische und unternehmerische Züge miteinander vereint und insbesondere in den neuen Dienstleistungsbereichen wie der Marktforschung, der Werbung, den Massenmedien oder den Abteilungen für „Public Relations" anzutreffen ist (Mills 1955, S. 137–139).[68] Die Psychologisierung der Beziehungen zeigt sich dabei darin, dass dessen Macht nicht, wie z.B. bei den Bürokraten, auf der Autorität seines Amtes beruht, sondern auf „seiner Persönlichkeit und auf seinem Geschick, sie zur Ausbeutung der Angstgefühle der Wirtschaftsführer einzusetzen" (Mills 1955, S. 144). Einen weiteren Typus der Manager stellen die „Direktoren" der Großunternehmen dar, die für ihn zwar ökonomisch zur Elite der neuen Gesellschaft zählen, diese jedoch nicht allein bilden, da die Eigentümer weiterhin die Macht besitzen. Mills (1955, S. 148, 150) wendet sich damit erneut gegen die Burnham'sche These der „Revolution der Manager" (Burnham 1941), da der Einfluss des Besitzes für ihn dadurch nicht schwächer geworden ist.

Eine andere Angestelltenkategorie, die Mills beschreibt, sind die alten und neuen „akademischen Berufe", von denen die meisten im Gegensatz zu früher nicht

---

[68] Diesen Typus beschreibt Mills (1963j) genauer in seinem Artikel „Competitive Personality", der 1948 in „Partisan Review" erscheint.

mehr freiberuflich, sondern angestellt tätig sind. Deren Wachstum ist für ihn „bedingt durch die technische Revolution und durch das Eindringen der Wissenschaft in immer neue Gebiete des Wirtschaftslebens" (Mills 1955, S. 162). Ihre beruflichen Schwerpunkte sind die Verwaltung in der Wirtschaft, die Massenmedien, und in der Industrie die Ingenieurbüros bzw. die wissenschaftlichen Labors (Mills 1955, S. 162).

Die zahlenmäßig größte Untergruppe davon bilden die „Lehrberufe". Auch hier sind ähnliche Entwicklungen wie bei den anderen freien Berufen wie etwa die zunehmende Spezialisierung auszumachen,[69] z.B. wird die Ausbildung der College-Professoren immer differenzierter. In diesem Kontext finden sich ebenfalls Anmerkungen zum eigenen Fach, weil das Resultat für ihn u.a. daraus ist: „Beispielsweise ist ein Professor der Soziologie in seinem Denken und Wissen häufig viel einseitiger als ein hervorragender Journalist. In akademischen Kreisen hält man es geradezu für geschmacklos, ein Buch zu schreiben, dessen Thema über das spezielle Fachgebiet des Autors hinausgeht." (Mills 1955, S. 185)

Er unterscheidet zudem verschiedene Typen des „Lehrwesens", wobei Erfahrungen aus seiner Zeit an der Universität in Chicago 1949 eingehen.[70] Er differenziert zwischen 1. den „Produzenten", die selbst innovativ sind und ihre Ergebnisse veröffentlichen, 2. den „Großverteilern", die keine eigenen Ideen mehr haben, mit ihren Lehrbüchern aber das Wissen verbreiten, 3. den „Endverteilern", die ebenfalls nur mehr lehren und ihre Wissen entweder von den Produzenten oder den Großverteilern beziehen, und 4. die „Vorbraucher", zu denen alle Akademiker zählen. Eine Untergruppe davon stellen die „Verarbeiter" dar, die das Wissen auch selbst weiter nutzen (Mills 1955, S. 186–187).

Darüber hinaus eröffnen sich für Mills nun neben dieser akademischen Laufbahn etwa durch die industrielle Forschungsarbeit Karrieremöglichkeiten außerhalb der Universitäten, was gleichfalls für die Soziologie zutrifft. Durch die zunehmende Verwendung sozialwissenschaftlicher Ergebnisse gibt es z.B. erstmals eine Verbindung des Faches mit den führenden Kräften der Gesellschaft, während früher eher Fürsorge- und Wohlfahrtseinrichtungen die Bezugsgruppen waren (Mills 1955, S. 190). Obwohl Lazarsfeld nicht namentlich genannt wird, ist dies

---

69 Auch bei den Medizinern setzt z.B. durch deren Zusammenfassung in Krankenhäusern eine Bürokratisierung, Zentralisierung und Spezialisierung ein (Mills 1955, S. 166).

70 In einem Brief aus dieser Zeit schreibt er an Merton: „I don't think I've learned as much about ‚the field' as something to work in in the last five years, as I have in the last five weeks her." (Mills 2000a, S. 131) Er berichtet ihm auch schon von einem „memo on the academic man and his career", das er dazu verfasst (Mills 2000a, S. 131, vgl. auch S. 132).

schon als Beschreibung der Arbeit des „Bureau of Applied Social Research" zu lesen, da Mills (2000a, S. 116) in einer frühen Gliederung für dieses Kapitel als Beispiel selbst das „Bureau" nennt.[71]

Als weitere Angestelltengruppe behandelt Mills (1955, S. 200, 1963l) erneut die Intellektuellen, die für ihn die „zweifellos die am vielfältigsten zusammengesetzte und am weitesten verstreute Mittelstandsgruppe" darstellen, wobei er Überlegungen aus seinem früheren Aufsatz „The Powerless People" aufgreift.[72] Diese sind nicht einer Klasse zuzuordnen, sondern nur von ihrer Funktion her zu beschreiben, die er so fasst: „Sie schaffen, verbreiten und bewahren bestimmte Bewußtseinsformen. Die Intellektuellen sind die unmittelbaren Träger der Kunst und der Ideen […]." (Mills 1955, S. 201) Zudem leben sie *„für* und nicht *von* Ideen" (Mills 1955, S. 201). Aber auch in diesem Gebiet findet eine Bürokratisierung statt, da die Bürokratien zunehmend die Hauptarbeitgeber werden und sie dadurch zu Personen werden, die *„von* und nicht *für* Ideen leben" (Mills 1955, S. 209, 219, 221).

Vielleicht Mills' „greatest contribution" in dem Werk ist die folgende Analyse der Welt der Verkäufer (Scimecca 1977, S. 80), weil für ihn in der modernen Gesellschaft generell das „Verkaufen das Allerwichtigste" geworden ist: „Die Welt des Verkäufers ist unser aller Welt geworden, denn bis zu einem gewissen Grade ist heute jeder Einzelne ein Verkäufer." (Mills 1955, S. 226) In der Einleitung versteht er diese Entwicklung daher als allgemeine Tendenz: „In vielen Angestelltenberufen sind so persönliche Eigenschaften wie Hilfsbereitschaft, Freundlichkeit und Ritterlichkeit inzwischen zu völlig unpersönlichen Berufserfordernissen geworden. Zur Arbeitsentfremdung ist die Selbstentfremdung hinzugekommen." (Mills 1955, S. 21) Während früher die Personen sich gegenseitig ihre Waren verkauften, sind dies nun vorrangig ihre Dienste, wodurch ein „Markt der Persönlichkeit" entstanden ist (Mills 1955, S. 253). Der Arbeitgeber erwirbt dadurch auch deren Persönlichkeit, wodurch diese zu einer Ware wird und eine zunehmende Selbstentfremdung der Angestellten eintritt (Mills 1955, S. 256).

Als letzte Angestellten-Rubrik geht Mills (1955, S. 269. 271) auf die „Büroangestellten" ein, bei deren Arbeit er gleichfalls eine Maschinisierung, Rationalisie-

---

71 Eine massive Kritik etwa an der „legitimatorischen Funktion" des von Lazarsfeld und dem „Bureau of Applied Social Research" repräsentierten „abstrakten Empirismus" und der damit zusammenhängenden Bürokratisierung der Wissenschaft unternimmt er später in „The Sociological Imagination" (Mills 1959b). Vgl. dazu Kapitel 6.2.

72 Obwohl aufgrund der Streichung der Fußnoten die genauen Quellenangaben fehlen, wird in diesem Abschnitt der Einfluss der NYI besonders deutlich, da sich Mills (1955, S. 201f., 207) namentlich u.a. auf William Phillips, Philip Rahv, Macdonald und Trilling stützt.

rung und Zentralisierung beobachtet,[73] weshalb für diesen immer weniger Aussichten besteht, „die Zusammenhänge seiner Arbeit zu erkennen und zu verstehen" (Mills 1955, S. 293).

Die psychologische Folge davon ist, dass die Berufstätigkeit an Sinn bzw. Bedeutung verliert und andere Aspekte von ihr, wie ihr „Mittel zum Erwerb von Ansehen im Berufsleben und in der Öffentlichkeit", wichtiger werden (Mills 1955, S. 315f.). U.a. weil die Kriterien sich dafür jedoch ständig verändern, herrscht eine „Statuspanik" vor, da der Gruppe der Angestelltenschaft gemeinsam ist, dass sie den „Anspruch auf gesellschaftliches Ansehen erfolgreich erhebt" (Mills 1955, S. 329).[74] Dies zeigt sich z.B. in der Kleidung, da sie bei der Arbeit normale Garderobe tragen dürfen. Weitere sie von Arbeitern unterscheidende Faktoren, die Grundlage ihrer Prestigeansprüche sind, bestehen darin, dass sie mehr geistige als körperliche Arbeit ausüben und längere Zeit benötigen, um ihren Beruf zu erlernen (Mills 1955, S. 329–334f.). Die Grundlagen für ihren besonderen Status werden jedoch durch die zunehmende Rationalisierung und Vereinfachung ihrer Tätigkeit in Frage gestellt, weil dadurch Erfahrung und Wissen in vielen Angestelltenberufen an Bedeutung verlieren. Zudem sinken dadurch ihre Gehälter im Vergleich, während die der Arbeiter zunehmen. Auch die Zunahme der Zahl der Angestellten, die allgemeine Erhöhung des Bildungsniveaus und die Stärkung der Arbeiter durch die Gewerkschaften tragen zu einer zunehmenden „Proletarisierung" des gesellschaftlichen Ansehens der Angestellten bei (Mills 1955, S. 340). Deshalb klammern sie sich aber an „Symbole des Prestiges", wobei sich Mills (1955, S. 346, 348) auf Thorstein Veblen bezieht,[75] und stellen z.B. in der Freizeit ebenfalls Prestigeansprüche.

Im letzten Kapitel des Werkes diskutiert Mills (1948b, 1955, S. 389–392, 403–341) noch wie in seinem früheren Buch „The New Men of Power" die Frage der politischen Bedeutung dieses „neuen Mittelstandes" und geht dabei u.a. dem Thema nach, welche Faktoren für eine positive bzw. negative Haltung den Gewerkschaften für Angestellte gegenüber verantwortlich sind. Er beobachtet dabei zwar eine Vereinigung der „Arbeiter- und Angestelltenschichten zu einer Art Machtblock des unteren Mittelstandes", seine im Vergleich zu „The New Men of Power"

---

73 Hier wird die Wirkung der Belletristik auf Mills (1955, S. 277) augenfällig, weil er sich bei der Beschreibung der, zumeist weiblichen Büro-Angestellten, auf die Darstellung in verschiedenen Romanen stützt.

74 Noch zugespitzter heißt es in dem Satz danach: „Tatsächlich läßt sich die Psychologie der Angestellten auffassen als ein einziges Streben nach gesellschaftlichem Rang und Ansehen." (Mills 1955, S. 329)

75 Aufgrund der fehlenden Fußnoten bleibt aber unklar, auf welches Werk von Veblen Mills verweist.

pessimistischere Sichtweise zeigt sich aber darin, dass er zwar gewisse Tendenzen sieht, die im Widerspruch zu dieser generellen gesellschaftlichen Entwicklung stehen, eine einflussreiche Arbeiterbewegung für ihn in der Gegenwart jedoch fehlt (Mills 1955, S. 427, 431). Für ihn besteht im Moment dagegen ein Hauptproblem darin, dass die Personen gar keine politische Meinung haben können, wofür ein Indiz die Wahlbeteiligung ist (Mills 1955, S. 434, 440).[76] Bei der Frage, wie diese Gleichgültigkeit entstanden ist, weist er auf die Wirkung der Massenmedien hin, in denen wenig über Politik berichtet wird und die standardisieren bzw. wiederholen, weshalb er sie „Massenbeeinflussungsmittel" nennt (Mills 1955, S. 442, 444f.).[77] Darüber hinaus wird in ihnen nur der individuelle Erfolg betont, wobei er sich auf Überlegungen der Kritischen Theorie und von Leo Löwenthal (1944) stützt (Mills 1955, S. 447, 449).[78] Eine weitere Ursache für diese Tendenz zur Apathie ist die gesellschaftliche Entwicklung, durch die sich der Abstand des Einzelnen zur Macht vergrößert und ein Gefühl der Ohnmacht entsteht. Die wichtigsten Trends in der Politik sind deshalb für ihn die Bürokratisierung und „die wachsende Gleichgültigkeit der Bevölkerung" (Mills 1955, S. 465).

Mills wendet sich damit erneut gegen die These, dass die Angestellten aufgrund ihrer wachsenden Zahl und ihrer funktionalen Unentbehrlichkeit zur kommenden herrschenden Klasse werden könnten. Zur politischen Verortung meint er dagegen abschließend, dass sie sich dem anschließen werden, von dem sie glauben, dass er sich politisch durchsetzen wird. Mills (1955, S. 469) beginnt den letzten Absatz des Buches daher mit den ernüchternden Worten: „Da sie keine gemeinsame politische Haltung haben, richten sich Haltung und Weg eines jeden Einzelnen nach seiner jeweiligen privaten Lage. Doch als Einzelne wissen sie nicht recht, wohin

---

76 Mills (1955, S. 433f) kritisiert daher, dass sowohl der Liberalismus als auch der Marxismus von der rationalistischen Prämisse ausgehen, „daß sich der Mensch, wenn ihm die Möglichkeit gegeben sind, seiner politischen Interessen, der eigenen oder der seiner Klasse, bewußt wird".

77 In seinem Aufsatz „Mass Media and Public Opinion" aus dem Jahre 1950 äußert sich Mills (1963x) aber noch, wie gesehen, differenzierter zu dem Einfluss der Massenmedien.

78 Ein direkter Einfluss des Kapitels „Kulturindustrie" aus dem Werk „Dialektik der Aufklärung" besteht dagegen nicht, da das Werk 1944 in New York nur auf Deutsch und erst 1972 in englischer Übersetzung erscheint (Horkheimer und Adorno 1944, 1972). Die Vermittlung dieser Ideen der Kritischen Theorie erfolgt daher über Leo Löwenthal, den Mills 1944 kennenlernt. Mills (2000a, S. 190) hat auch später noch Kontakt zu ihm und schickt ihm z.B. das Manuskript von „The Power Elite" zur Korrektur zu. Darüber hinaus ist Löwenthal der einzige Soziologe, den Mills (2000a, S. 193), als er bei der „Fulbright"-Stiftung ein Stipendium für den Europaaufenthalt für das Jahr 1956–1957 beantragt, um eine Empfehlung bittet.

sie sich wenden sollen. So schwanken und zögern sie. Ihre Ansichten sind wirr und unsicher; ihre Handlungen beweisen, daß es ihnen an festumrissenen Zielen ebenso mangelt wie an Beharrlichkeit. Sie mögen politisch reizbar sein, doch es fehlt ihnen jede politische Leidenschaft."

Diese Beschreibung gibt gut Mills' eigene, unentschiedene politische Haltung in dieser Zeit wieder. Die Angst, dass seine Analyse der „neuen Angestellten" ein Selbstportrait sein könnte, äußert er in einem Brief von William Miller vom 30. Mai 1949 selbst: „And then you worry that everything you write about ‚the new little man' isn't about anybody at all but your own God damn self: an elaborate projection draped in semiacceptable models of proof." (Mills 2000a, S. 138)

Trotz dieser pessimistischen Sicht wird das Werk aber Mills' (2000a, S. 175) erster großer Publikationserfolg und verkauft sich bereits im ersten Jahr in den USA 35.000mal (Hess 1995, S. 116), wodurch er selbst bekannt wird (Geary 2009, S. 106).[79] Zudem wird es von der Kritik fast einhellig positiv aufgenommen (Nilsen 2007, S. 180), Mills (2000a, S. 157) schreibt dazu selbst in einem Brief: „Reviews of White Collar are excellent. [...] The reception is all that could possibly be expected and I'm quite happy about it." (vgl. auch Mills 2000a, S. 160)

Das Buch wird auch von anderen NYI wie Riesman positiv besprochen, der ein ähnliches Quellen-Material wie Mills für sein Werk „The Lonely Crowd" verwendet (Riesman et a. 1950). Seine erste Reaktion beschreibt er in einem Schreiben an Trilling zwar zurückhaltend so: „I've been reading (for review) Mills' *White Collar* and reflecting on its stance of desperation and rejection of middle-class culture – ‚merciless', as the jacket says in comparing it with the more detached Veblen. He can only allow the commonplace to have meaning, but no charm." (Riesman-Trilling, 28. August 1951, LTP) Diese Einwände werden ebenfalls deutlich in seiner Rezension, die in der AJS erscheint. Er kommt in ihr jedoch dennoch zu dem Fazit: „Mills is grappling resourcefully with the big questions of our day, and even if this reviewer is inclined to give somewhat less portentous answers to some of them, he agrees that the questions are central, the research methods fundamentally sound." (Riesman 1952, S. 514) Mills (2000a, S. 166) dankt ihm zudem trotz der Einwände in einem Brief „for taking the time to give my work such close and careful attention – and for the generosity of your response to it. The negative points you make seem to me well made, and I appreciate them no less that the positive comment."

---

79 Seit 1952 bespricht er auch in dem wichtigsten Rezensionsorgan der USA, der „New York Times Books Review", soziologische Werke (u.a. Mills 1960f; Lipset und Smelser 1961, S. 51).

5.3 „White Collar"

In einer anderen, grundsätzlich positiven Rezension von Everett C. Hughes (1952, S. 497), die in „Commentary" veröffentlicht wird, wird z.B. der Bezug zur Literatur positiv erwähnt: „The lively retelling of the stories of Kitty Foyle and Alice Adams to make his points (a practice all too rare in these days when a ‚scientific' social scientist is allowed to use only those fictions which well up from his unexplored unconscious) and Mills's own bursts of imagination and original aphorisms make it a book one can enjoyable, even profitable, open and read at will." Es gibt aber zu bedenken: „Mills really ought to write a poem or something to work off some of his literary exuberance, so that he could produce a work cleaner of line when he reports interesting research." (Hughes 1952, S. 497)[80]

Eine Ausnahme von der allgemeinen Reaktion stellt Macdonalds Review des Werkes dar, die eine besondere Wirkung hat und zu dem Bruch mit Mills führt (Horowitz 1983). Darin bezeichnet er z.B. die Tatsache, dass die „new class" an Zahl zunimmt, als bekannt und meint daher: „Yet I must confess I found his book boring to the point of unreadability." (Macdonald 1952, S. 110) Ein weiteres Problem ist für Macdonald (1952, S. 112), dass Mills die Sensibilität fehlt, um die wichtigen Details auszuwählen, weshalb er zu viele Einzelheiten bringt: „Mills says so little about a great many things, so little and about so many that one's curiosity is never really satisfied." Darüber hinaus entwickelt er für ihn seine eigenen Konzepte nicht, auch wird nicht klar, wen er anspricht, wobei Macdonald (1952, S. 114) aufgrund des Briefes von Mills an ihn vom 20. November 1948 einen wunden Punkt trifft: „I think this is because he doesn't himself know, because he is himself drifting, confused, and above all, indifferent." Für Macdonald (1952, S. 114) kritisiert Mills daher zu Recht die marxistische und die liberale Theorie, er entwickelt aber selbst keine Alternative dazu.[81]

Diese von Macdonald angesprochene veränderte politische Haltung von Mills (1952) wird auch bei dem Beitrag zu dem 1952 abgehaltenen Symposium „Our Country, Our Culture" von „Partisan Review" deutlich, bei dem die Frage des Verhältnisses der Intellektuellen zur eigenen Kultur diskutiert wird. In ihm äußert er sich wie Howe (1952) kritisch zu der positiven Neubewertung des eigenen

---

80 Mills' (2000a, S. 162) Reaktion darauf ist, wie er an Riesman schreibt, dass er gerade Poesie und wissenschaftliche Arbeiten nicht auseinanderhalten will: „My aim is to work out something as solid as monograph – while hiding the workshop rather than cheaply parading it – but at the same time as well implicated as at least second rate poetry."

81 Nach dieser vernichtenden Kritik von Macdonald sucht Mills (2000a, S. 162f., 168) Rat bei Freunden wie u.a. Gerth, Hofstadter und Trilling. und fragt sie, was er daraus lernen kann.

Landes,[82] zu seiner eigenen Position meint Mills (1952, S. 449) jedoch, dass die Intellektuellen grundsätzlich Ideen aufgegeben haben, weil es keine Bewegung und kein Publikum mehr dafür gibt: „The reason one feels foolish making programmatic statements today is that there is now in the United States no real audience for such statements." Seine eigene momentane passive Haltung beschreibt er daher selbst so: „To retain the ideals and hence by definition to hold them in a utopian way, while waiting." (Mills 1952, S. 449)

In dieser Zeit gibt es nach dem Scheitern von „Politics" erneut Bemühungen von Howe und Coser (1984, S. 43), eine eigene Zeitschrift „Dissent" zu gründen und ein intellektuelles Publikum zu erreichen, in die erneut Mills involviert ist.[83] 1952 schicken Howe und Coser einen Brief an mögliche Interessenten wie Mills, um für Unterstützung für diese Idee zu werben (Howe-Coser, undatiert [1952], LCP; Coser, Entwurf des Briefes, 20. Juni 1952, LCP). Obwohl es von anderen eine positive Resonanz auf den Brief gibt,[84] reagiert Mills aber ablehnend auf das Schreiben (Howe-Coser, undatiert, LCP). Dennoch soll Mills zunächst bei der Gründungsveranstaltung des Magazins die Diskussionsleitung bei einer der Themen übernehmen (Howe-Coser, undatiert, LCP), Mills (Mills-Coser, undatiert, LCP) sagt aber erneut – obwohl er drei Jahre zuvor anderer Ansicht gewesen ist – mit der Begründung ab: „You see, you have to realize that I am in general against the idea of starting a magazine now. I don't really mean I am against it, but that I wouldn't have the will to really help it because I wouldn't believe in its mission or the need or the use of it just now." Er ist auch gerade mit einem „very ambitious, literally speaking, piece of work" beschäftigt, das sein späteres Buch „The Power Elite" wird (Mills-Coser, undatiert, LCP; Mills 1956). In der Folge versucht Howe (Howe-Mills, 18. Februar 1953, LCP) Mills zu überreden,

---

82   Im Rückblick war das Symposium für Howe (1982, S. 232) aber ein Zeichen für „a new appreciation of American democracy", die zu unterscheiden ist von einem Nationalismus. Auch Bell (1984, S. 620) hebt hervor, dass dort der Wert der Demokratie als intrinsischer Wert hervorgehoben wurde, der nicht nur ein kapitalistischer Mythos ist und gegen die UdSSR verteidigt werden muss.

83   Der Kontakt zu Mills erfolgt dabei über Coser (1984, S. 49, Coser-Macdonald, 28. November 1951, DMP), der auch Mills' (1951) Buch „White Collar" gegenüber Macdonald in einem Brief verteidigt: „Haven't read Mills's book yet, but am pretty sure that my reaction would be more positive than yours – there are few sociologists today who can a) write b) deal with somewhat general ideas and who c) are yet in some way trying to ‚go to the roots'."

84   Ned Polsky zeigt sich z.B. begeistert von der Idee: „*dissent* sounds exciting as hell. we haven't had anything like it since Macdonald's *politics* (of course I refer to the *politics* of ca 1944–46, rather than the mag as it was in the last couple of years of its existence)." (Ned [Polsky]-Coser, 13. Dezember 1953, LCP)

wenigstens den Aufruf für das Journal zu unterzeichnen, trotz der eindringlichen Bitten unterschreibt Mills (Mills-Coser, undatiert, LCP) jedoch diesen gleichfalls nicht und wird zudem nicht Mitglied des „Committee for an Independent Socialist Magazine".

Dennoch erscheinen 1954 in der Gründungsausgabe von „Dissent" Mills' (1954, 1963y, 1957a) Artikel „Conservative Mood"[85] und später dort sein Aufsatz „On Knowledge and Power" sowie seine Antwort auf die Kritiken an „The Power Elite". Er lobt auch noch in einem Brief an Coser vom 29. Oktober 1957 die Herbst-Ausgabe des Magazins: „You and Irv ought to be quite proud of how it's grown, and I don't mean only circulation. I particularly like to see books handled critically but also without any smart-alek bullshit." (Mills 2000a, S. 256)

5.4 „The Power Elite"

Das bereits in dem früheren Brief von Mills (2000a, S. 155, 1956, S. 364, Mills-Coser, undatiert, LCP) an Coser angesprochene Buch, „The Power Elite", das er erstmals im November 1951 in einem Schreiben erwähnt und dessen erste Fassung während seiner Zeit an der „Brandeis"-Universität im Frühjahr 1953 fertigstellt,[86] an der auch Coser unterrichtet, ist das letzte seiner Gesellschaftstrilogie und stellt wie „White Collar" ein Versuch einer „Theorie mittleren Reichweite" dar (Hess 1995, S. 144).[87] Die Grundzüge dieser Theorie, bei der er an Überlegungen von Neumann (1942) zur Elitenbildung aus „Behemoth" und, wie seine zentralen Begriffe wie „Bürokratie", „Status", „Institution" und „Macht" andeuten, erneut an Webers Sozialstrukturtheorie anknüpft, skizziert er in dem ersten Abschnitt des Werkes. Mills zentrale These lautet dabei, dass gewöhnliche Menschen weniger

---

85 Dies stößt jedoch nicht nur auf Gegenliebe etwa bei Wax (Wax-Coser, 19. Oktober 1953, LCP), der zu dem Unterstützungskomitee zählt: „It strikes me as ironic that Mills should appear in the first issue although he refuses to endorse the magazine".

86 Mills lässt das Manuskript danach erst noch einmal liegen. Er beschreibt in einem Brief an Gerth vom 29. November 1953 seine persönlichen Probleme in der Zeit. Diese sind zwar nichts Neues für ihn, aber: „The difference with me this time is that I have simply stopped trying to write during this period." (Mills 2000a, S. 178) Er schickt auch in der Zeit Riesman den Abschnitt über Veblen aus dem geplanten Buch zu und schreibt dazu: „First draft is completed – last spring at Brandeis in fact, but somehow I can't command the attention and love needed to complete the blanks still in it and tighten it into shape." (Mills 2000a, S. 179)

87 Den Begriff „Power Elite" verwendet Mills (1963d, S. 98) bereits in dem Aufsatz „The Labor and the Power Elite" von 1954.

Macht als früher haben und deshalb das Gefühl einer Machtlosigkeit in der Massengesellschaft vorherrscht, während manche Personen durch die Zentralisierung der Macht- und Informationsmittel Positionen erlangt haben, mit denen sie das Leben anderer Menschen stark beeinflussen können. Diese Elite kann daher nun Entscheidungen von erheblicher Tragweite („big decisions") fällen (Mills 1963, S. 16), da sie die wichtigsten Institutionen der Gesellschaft beherrscht: die großen Wirtschaftsunternehmen, den politischen Staatsapparat und die militärischen Streitkräfte. Andere Institutionen wie die Familie, die Kirche und die Familie bilden nach Mills dagegen keine eigenen Machtzentren mehr. Die drei Bereiche der Wirtschaft, des Militärs und der Politik sind dadurch, dass sie bürokratischer, zentralistischer und technischer werden, stärker voneinander abhängig, was eine größere Koordination und Absprache erfordert, weshalb es zu einer immer stärkeren Verflechtung dieser Sektoren kommt. Durch das Zusammenrücken der drei Gruppen entsteht für ihn deshalb die Elite („Power-Elite"), die die Macht besitzt (Mills 1962, S. 22). Genauer definiert er sie als die wirtschaftlichen, politischen und militärischen Gruppen, die Entscheidungen von nationaler oder internationaler Reichweite treffen können. Zur Begründung, wieso er für sie den Begriff der „The Power Elite" benutzt, meint er, dass er damit die Vielfalt der Eliten erfassen will. Dagegen lehnt er den Ausdruck der „herrschenden Klasse" ab, da er nicht wie Marxisten davon ausgeht, dass die Monopolkapitalisten alle Macht besitzen (Mills 1956, S. 277). Unterhalb dieser herrschenden Elite gruppiert sich für ihn eine zweite, mittlere Machtschicht, zu der für ihn Kongressabgeordnete, Interessenvertreter und die alte und die neue Oberschicht zählen.

Erneut behandelt er in dem Kontext auch die „Masse" bzw. die „Öffentlichkeit", da die dritte Ebene, die „Massengesellschaft", die er in dem gleichnamigen Kapitel beschreibt, den eigentlichen Gegenpol zur Elite bildet. Diese unterscheidet sich von der „Öffentlichkeit" durch vier Merkmale: 1. Es gibt erheblich weniger Personen, die einer Meinung Ausdruck geben als sie empfangen können, 2. die Massenmedien sind so konzipiert, das man schwer wirkungsvoll darauf antworten kann, 3. die Umsetzung der Meinung in Handlungen wird vom Staat überwacht und 4. die Masse ist nicht unabhängig von den Institutionen, sondern wird von deren Vertretern kontrolliert. Während deshalb in der „Öffentlichkeit" die Diskussion vorherrscht, dominieren in der „Massengesellschaft" die Massenkommunikationsmittel (Mills 1962, S. 339–341). Zudem verlieren unabhängige gesellschaftliche Gruppen durch die Zentralisierung der Institutionen immer mehr an politischer Bedeutung (Mills 1962, S. 345).

Diese Theorie stellt Mills dem Ansatz u.a. von John Kenneth Galbraith (1952) und Riesmans und Glazers Theorie des Gleichgewichts der Kräfte aus ihrem Buch

„The Lonely Crowd" gegenüber (Riesman et al. 1950),[88] weil diese für ihn nur für die Beschreibung der mittleren Machtebene, z.B. für den amerikanischen Kongress angemessen ist (Mills 1962, S. 270). Er wirft den Modellen auch vor, nicht zwischen den drei Machtebenen, und darüber hinaus bei den am politischen Prozess beteiligten Gruppen nicht zwischen deren sozialer Stellung, politischen Bedeutung und Organisationsgrad zu unterscheiden. Eine weitere Kritik lautet, dass sie zudem die Querverbindungen zwischen ihnen unberücksichtigt lassen. Mills (1962, S. 272) schließt sich deshalb Howes (1952b) These aus dem Aufsatz „Answer to Critics of American Socialism" an und bezeichnet die liberalen politischen Theorien als eine Verengung der politischen Perspektive, weil sie das „Machtgefüge als Ganzes" aus dem Blick verlieren und nicht die untere sowie die obere Macht-Ebene beachten (Mills 1962, S. 273).[89]

Mills (1963y, S. 599) beschäftigt sich in dem Werk zudem erneut mit der Rolle der Intellektuellen, wobei er Überlegungen aus seinem Aufsatz „On Knowledge and Power" aufgreift, auf den der Begriff „public intellectual" zurückgeht und die er vor dem Hintergrund der Aufgabe des Ideals der „public relevance of knowledge" entwickelt. Für ihn umgeben sich daher die Regierenden zunehmend mit Personen des Wissens, diese sind aber vor allem Experten, deren Aufstieg er jedoch als „defense against discourse and debate" bezeichnet (Mills 1963y, S. 608). Für die Gegenwart ist deshalb nach Mills (1962, S. 405) charakteristisch, „daß Geist und Intelligenz als Faktoren im öffentlichen Leben fehlen" und die Angst vor einem Wissen vorherrscht, das befreiende Wirkung haben könnte. Die Intellektuellen sollten aber zur Definition der Realität beitragen und das „moral conscience of his society" sein, in dem sie auf den Wert der Wahrheit beharren (Mills 1963y, S. 611). Diese Aufgabe hält er auch für notwendig für das Funktionieren der Demokratie, weil sie „aufnahmefähige und diskussionsfreudige Öffentlichkeitsgruppen" und Politiker benötigt, die sich gegenüber diesem Publikum verantwortlich fühlen

---

88 Den Unterschied zu Mills' Auffassungen beschreibt Glazer (Interview mit Autor, 30. August 2007) im Rückblick selbst so, dass er und Riesman die Macht als nicht so konzentriert und die Eliten nicht als so eng verbunden angesehen haben wie dieser.

89 Mills führt aber sein eigenes positives Gegenmodell, die „Öffentlichkeit", die Parallelen zu Vorstellungen von Habermas (1990) aufweist und die er der „Massengesellschaft" gegenüberstellt, nicht genauer aus. Im Rückblick kann man auch erkennen, dass die von Mills so machtlos gezeichnete Massengesellschaft in den 1960er-Jahren bei den Protesten ihre Kraft zeigt und er damit die Dynamik der Gesellschaft unterschätzt. Grundsätzlich ist er deshalb in seiner Theorie, wie auch andere Autoren z.B. von „Dissent", die das Modell der „Massengesellschaft" benutzen, durch das politische Klima der 1950er-Jahre und die lähmende Atmosphäre in der Zeit McCarthys geprägt, die sich im nächsten Jahrzehnt grundlegend wandelt.

(Mills 1962, S. 401). Eine Voraussetzung dafür ist, dass solch eine Öffentlichkeit existiert, „an die sich die Wissenden wenden können" (Mills 1962, S. 402).

Nach dem Erscheinen des Werkes erfolgt eine rege Diskussion (Domhoff und Ballard 1968),[90] wobei die Rezensionen positiver sind, als man bei dem „now-pervasive image of Mills" als akademischem Außenseiter erwarten würde (Geary 2009, S. 162f). Man kann zwei Hauptkritiken unterscheiden: eine marxistische und eine liberale.[91] Der Einwand des Marxisten Paul Sweezy lautet z.B., dass Mills die ökonomischen Konflikte nicht als grundlegend benennt (Scimecca 1977, S. 87).

Für die liberale Sichtweise auf das Werk ist die Auffassung von Bell einflussreich, die vor dem Hintergrund des Konflikts mit Mills um Bells feste Anstellung an der „Columbia"-Universität 1958 zu sehen ist (Bell, Interview mit Autor, 8. September 2007; Bell-Barber, 14. Oktober 1958, BBP).[92] Diese konkreter werdenden Überlegungen, Bell fest an die Hochschule zu holen, stoßen bei Mills auf starken Widerstand und er versucht die Entscheidung, zu verhindern (Wrong 2001, S. 63). Er bittet z.B. Richard Hofstadter, der Mitglied der Kommission ist, die über die Einstellung entscheidet, um Unterstützung. Dieser setzt sich jedoch für Bell (RHPR, S. 5) ein und entscheidet sich damit gegen Mills, weshalb Bell die Stelle am College der „Columbia"-Universität im Herbst 1959 antreten kann.

Bells erste Reaktion auf das Buch „The Power Elite" ist, dass er Mills zu abstrakt findet und ihm daher das politische Element fehlt (Bell, Interview mit Autor, 8. September 2007).[93] Eine genaue Analyse des Buches und eine massive Kritik

---

90 In „Dissent" erscheinen z.B. zu dem Werk gleich zwei Besprechungen: eine positive von Bernard Rosenberg (1956) und eine negativere von E. V. Walter (1956). In „Commentary" ist es Wrong (1956), der eine Kritik verfasst, und in „Partisan Review" Philipp Rieff (1956).

91 Mills (1957a) selbst nennt als dritte Variante noch die „highbrow"-Kritik z.B. von Rieff (1957).

92 In einem Brief deutet Bernard Barber (Barber-Bell, 8. Oktober 1958, BBP) schon die Spannung mit Mills an, der 1956 an der „Columbia"-Universität zum „full professor" befördert worden war: „I hope that you will have time, if you do come, to talk with him [Lazarsfeld], especially since he seems to feel that a firm decision about program and personnel will have to come from you and the department as a whole rather than from Mills."

93 Gegenüber Mills' (1951) früherem Werk „White Collar" ist Bell aber noch, trotz der schon zu diesem Zeitpunkt angespannten Beziehung, positiv eingestellt. Er findet z.B. die kritische Besprechung des Buches von Macdonald (1952) unfair: „You don't take a work which has a serious impact on American sociology and spear it on the basis of a clumsy phrase." (Bell, zit. n. Wreszin 1994, S. 262) Es zeigen sich auch insofern noch inhaltliche Parallelen zwischen Mills und Bell, als dass beide in der Zwischenzeit die Hoffnung auf die Gründung einer dritten Partei aufgegeben haben und Bell (1958a,

unternimmt er in seinem Text „Is There a Ruling Class in America? ,The Power Elite Reconsidered'", der in der Zeit des Streits um seine Berufung an die „Columbia"-Universität entsteht und den er zuerst im „University Faculty Colloquium" für Soziologie der „Columbia"-Universität vorstellt (Bell 1958b). Darin beschreibt er Mills als Nicht-Marxisten, da für ihn seine Methode und seine Schlussfolgerungen unmarxistisch sind. Wichtige Begriffe wie z.b. „Institutionen", „Macht", „Elite", und „große Entscheidungen" sind für ihn auch nicht eindeutig definiert (Bell 1958b, S. 239f.). Bell kritisiert darüber hinaus, dass Mills den Machtbegriff zu einseitig als „Beherrschung" auffasst, da Gewalt zwar deren ultimative Form ist, aber nicht jegliches politisches Handeln ein Kampf um Macht ist. Seine Definition ist etwa, wenn man institutionalisierte Macht betrachtet, nicht ausreichend, da in Gruppen Gewalt nicht die Regel ist, sondern dort Normen und Werte wirken (Bell 1958b, S. 240f.). Eine andere strittige Frage ist für ihn, wie einig sich die Machtelite ist. Dafür ist für ihn das – marxistische – Problem der Interessen relevant. Seine eigene Definition für die Existenz einer „Power Elite" bzw. einer „herrschenden Klasse" lautet daher, dass dafür eine Gemeinsamkeit von Interessen vorliegen muss, was Mills aber nicht näher analysiert. Auch stellt sich für ihn die Frage, ob die weitere Voraussetzung der Kontinuität der Interessen vorliegt (Bell 1958b, S. 241f.). Ein weiterer Einwand zielt darauf ab, dass Mills nicht die Frage der Koordination der Machtinhaber und das Problem behandelt, wo letztlich die Macht liegt, was für Bell für Marxisten eher ungewöhnlich ist. Beispielsweise wäre genauer zu untersuchen, ob die Politik und das Militär voneinander unabhängig sind und wie das Verhältnis der Wirtschaft zu diesen anderen Bereichen gestaltet ist (Bell 1958b, S. 242f.). Mills zeigt sich gleichfalls indifferent gegenüber den Fragen der „mittleren Ebene", die für Bell (1958b, S. 250, 2000, S. 64) jedoch gerade die „*the stuff of politics*" darstellen, d.h. jene Probleme sind, die die Menschen beschäftigen wie etwa die Steuerpolitik.[94]

S. 19) in seinem Aufsatz „The Capitalism of the Proletariat?" zur Entwicklung der Gewerkschaften sogar positiv auf Mills' (1948b) Buch „The New Men of Power" verweist. Thematisch behandeln zudem beide als eine der wenigen Soziologen zu der Zeit das Phänomen des „labor racketeering" (Mills 1948b, S. 131; Horowitz 1983, S. 214).

94 Insgesamt werden für ihn zudem durch Formulierungen wie „Machtelite", ähnlich wie durch die Theorie der „managerial society" in den 1940er und der Totalitarismustheorie in den 1950er-Jahren, „*particular and crucial* differences between societies" verdeckt (Bell 1958b, S. 250). Trotz dieser Kritik an der Theorie finden sich aber weiterhin – wenn auch ungenannte – Gemeinsamkeiten zwischen Bell und Mills. Bell (1958b, S. 239) hebt z.B. als intellektuelle Vorbilder Mills u.a. Weber hervor und nennt in einer Fußnote als eigene Leitfiguren nur Marx und Dewey, ohne als wichtigen oder vielleicht sogar zentralen Einfluss Weber zu erwähnen, der ihn möglicherweise stärker beeinflusst hat als Mills. Andererseits vergisst er den starken Einfluss des Pragmatis-

Mills' Reaktion auf die Kritik von Bell ist verständlicherweise negativ. In einem Brief vom 2. Dezember 1958 bedankt er sich bei Gerth für die ermunternden Kommentare zu seinen Büchern „White Collar" und „The Power Elite" und hebt Bells Besprechung als negatives Gegenbeispiel hervor: „Anyway, we are quite alone among American sociologists in thinking them perhaps worth reading. See for example Mr. Bell's debater's points in current JS, which of course I shall not answer." (Mills 2000a, S. 268).

Howe regt Mills (2000a, S. 209f., 1957a) zwar dazu an,[95] auf die Einwände an seinem Buch zu antworten und eine Replik erscheint in der Winter-Ausgabe 1957 von „Dissent" unter dem Titel „Comment on Criticism", in dieser kann er aber den Artikel von Bell nicht berücksichtigen, da er erst im November 1958 erscheint. Er gibt darin jedoch eine Beschreibung seines Verständnisses von „Kritik": „I have never found either a transcendent or an immanent ground for moral judgement. The only moral values I hold I've gotten from right inside history; in fact they are values proclaimed by many and, within the possibilities of various life-ways, practiced by small circles in western history whose members I've taken as models of character. [...] Foremost among them is the chance of truth." (Mills 1957a, S. 32f.) Auch eine rein soziologische Beschreibung hat für ihn daher einen politischen Wert: „Simple descriptions of elite persons and groups can be politically neutral, but I don't think they usually are. When little is known, or only trivial items publicized, or when myths prevail, then plain description becomes a radical fact – or at least is taken to be radically upsetting." (Mills 1957a, S. 33) Dieser Aufgabe der Soziologie geht er in dieser Zeit deshalb verstärkt theoretisch nach.

---

mus auf Mills zu erwähnen, über den dieser seine Doktorarbeit verfasst hat. Die von Bell (1958b, S. 238) hervorgehobene Orientierung von Mills an der Literatur, insbesondere an Balzac, lässt sich zudem bei ihm selbst ebenfalls finden.

95 Howe teilt dabei, obwohl er wie Coser das Buch „The Power Elite" Korrektur gelesen hat, viele der Einwände von Bell. So ist Howe (Howe-Coser, 18. November [1958], LCP) schon vor dem Erscheinen des Artikels interessiert an Bells Kritik an Mills: „Eager to see Bell on Mills." Als er ihn gelesen hat, findet er auch, wie er an Coser schreibt, viele der Kritikpunkte berechtigt: „Really very powerful & impressive. I'm tempted to get a few offprints & send them around to our people. Toward the end when he brings in his own notions, it becomes more questionable; but at the beginning, when he just goes after Mills, he really scores point after point." Interessant ist zudem seine Einschätzung von Bells theoretischer Position: „Funny thing; in way his attack is a attack from semi-Marxist premises, & makes the Marxist theory of society seem more flexible than Mills' method. At least Bell calls for what Mills lacks: a *depicted* relationship between economic & political sectors of life." (Howe-Coser, undatiert [1958, 1959], LCP)

Mills' Soziologie der Soziologie 6

6.1 „Two Styles of Social Science Research" und „IBM plus Reality plus Humanism = Sociology"

Ein Themenfeld von Mills (1963u), dem er sich daher intensiver zuwendet, ist die Beschäftigung mit der Soziologie der Soziologie, die sich schon in seiner früheren Wissenssoziologie wie seinem Aufsatz „The Professional Ideology of Social Pathologists" angedeutet hatte. In seinem ersten Aufsatz dazu, „Two Styles of Social Science Research", der im Oktober 1953 in der Zeitschrift „Philosophy of Science" erscheint,[96] unterscheidet er grundsätzlich zwei Modelle in den Sozialwissenschaften: 1. Das *makroskopische* geht für ihn u.a. auf Weber, Marx, Robert Michels, Georg Simmel und Mannheim zurück, behandelt ganze Strukturen der Gesellschaft auf eine vergleichende Weise, verbindet die einzelnen institutionellen Sphären der Gesellschaft miteinander und bezieht sie auf den dort dominierenden Menschentypus. 2. Das *molekulare* Modell fokussiert dagegen auf kleinere Themen und ist häufig statistisch ausgerichtet, besitzt zudem keine historischen Vorläufer und hat als inhaltliche Schwerpunkte Marketing- und Massenmedienfragen (Mills 1963v, S. 554). Darüber hinaus benötigt es eine Organisation von

---

[96] Schon 1950 verfasst Mills (2000a, S. 145) aber ein „piece on method", in dem er zwei Methoden voneinander unterscheidet und eine davon „molecular stuff" nennt. Er ist jedoch noch skeptisch in Bezug auf eine mögliche Veröffentlichung des Manuskripts: „I don't believe in papers on method... it is a kind of disease which interferes with work as much as it helps it." (Mills 2000a, S. 146)

Technikern und Administratoren sowie starke große finanzielle Mittel, weshalb ihr Fokus auf der angewandten Forschung liegt. Es spricht deshalb aber nicht mehr die Öffentlichkeit, sondern nurmehr den Klienten an, wodurch ein Wandel „from public to client" erfolgt (Mills 1963v, S. 556). Diese Form der Soziologie orientiert sich daher, anders als die makroskopische, an dessen Problemen und Interessen. Mills (1963v, S. 563) will jedoch beide Typen miteinander verbinden und sich zwischen den verschiedenen Ebenen der Abstraktion hin und her bewegen.

In einer anderen Arbeit von Mills (1963w) zu dem Interessensgebiet, „IBM plus Reality plus Humanism = Sociology", die 1954 in der Zeitschrift „Saturday Review of Literature" publiziert wird, unterteilt er die Soziologie nun in drei Gruppen und hält nur für Letztere, zu der er sich selbst zählt, den Begriff der Soziologie für angemessen. Als erstes Lager bezeichnet er dagegen die „Scientist", die die Physik als Vorbild nehmen und deren verbreitester Typus der „High Statistician" ist, der für Mills einen neuer Typus des Bürokraten darstellt. Es trägt für ihn nicht zum Fortschritt des Wissens, sondern nur zu deren Methodik bei. Die zweite Gruppe, die „Grand Theorist", tut dies ebenfalls nicht und versucht darüber hinaus nicht, menschliches Verhalten bzw. die Gesellschaft zu beschreiben oder zu erklären (Mills 1963w, S. 569f.). Deren größte Probleme bestehen für ihn in „their initial choice of so general a level of thinking that one cannot logically get down to observation; and secondly, in the seemingly arbitrary elaboration of distinctions which do not enlarge one's understanding of recognizably human problems of experience" (Mills 1963w, S. 571).

Das dritte Lager besteht aber aus Soziologen, die für ihn drei Fragen verfolgen: 1. Was ist die Bedeutung der von ihnen untersuchten Themen für die Gesellschaft als Ganzes und wie ist diese beschaffen, 2. was ist ihre Relevanz für den in dieser Gesellschaft dominierenden Typus Mann bzw. Frau und 3. wie passen sie in den historischen Trend dieser Zeit und in welche Richtung bewegt sich dieser? Als bestes Beispiel für diese Richtung bezeichnet er die Zeitschrift „Studies in Philosophy and Social Sciences" des „Instituts für Sozialforschung". Weitere Vorbilder sind für ihn u.a. Werke von Weber, Émile Durkheims „Der Selbstmord" und „Über soziale Arbeitsteilung", Mannheims „Ideologie und Utopie" und „Mensch und Gesellschaft im Zeitalter des Umbruchs", Neumanns „Behemoth" und Arbeiten von Fromm (Mills 1963w, S. 572–574). Zudem charakterisiert er Adornos et al. Studie „The Authoritarian Personality" als das wahrscheinlich „most influential book of the last decade on types of individuals" (Mills 1963w, S. 574).

6.2. „The Sociological Imagination"

Nach diesen Vorarbeiten stellt Mills' (1959b) ausführlichste Beschäftigung mit dem eigenen Fach sein Werk „The Sociological Imagination" dar, das in 17 Sprachen übersetzt wird und 1997 bei der Wahl der „International Sociological Association" (ISA) (1998) zu den wichtigsten soziologischen Büchern des Jahrhunderts auf den zweiten Platz nach Webers „Wirtschaft und Gesellschaft" kommt (Brewer 2003, S. 27). Den Großteil davon stellt Mills (2000a, S. 207) während seines Aufenthaltes in Europa 1956–57 fertig und er präsentiert daher bereits im Frühjahr 1957 frühe Versionen davon in einem Seminar in Kopenhagen.

Einfluss auf die Arbeit hat, dass sich Mills in dieser Zeit erneut mit dem Verhältnis der Soziologie zur Literatur beschäftigt. Wie er in einem Brief aus Dänemark am 5. November 1956 an Dan Wakefield ausführt, hält er für die Gegenwart eine neue Form des Schreibens für notwendig, „using fictional techniques and some reportage tricks and some sociological stuff. Of course all that's nothing without some really big view into which all the little stuff fits and makes sense." (Mills 2000a, S. 220) Diese Aufgabe wird für ihn von der Literatur aber nicht mehr übernommen: „No fiction nowadays that I know is 'about the world' in this sense." (Mills 2000a, S. 220) In einem anderen Schreiben aus der Zeit stellt er zudem die These auf, dass Detektivgeschichten die gleiche Aufgabe wie die Sozialwissenschaften besitzen, d.h. „to make society become as alive and as understandable and as dramatic as the best fiction makes the individual seem. And the job may be done, first, be realizing how individuals must be understood in milieu and how individuals and milieu and society [Interrelate]." (Mills 2000a, S. 232) Diese Überlegungen bezeichnet er als Teil einer „theory of fiction", an der er schon mehrere Jahre arbeitet (Mills 2000a, S. 232), die er aber nicht abschließt. Seine Ideen gehen jedoch in sein neues Buch „The Sociological Imagination" ein.

Auf dieses weist er erstmals in einem Brief an William Miller vom 5. Februar 1957 hin, in dem er ein neues „little book on ‚The Sociological Studies'" erwähnt (Mills 2000a, S. 228). Zur Begründung für dessen Abfassung meint er genauer: „I think it's time I wrote something *about* my own kind of sociology and against the current dominant ‚schools'." (Mills 2000a, S. 228) Darüber hinaus sieht er in der Zeit „the need to make a big sum-up" (Mills 2000a, S. 234f.).[97] In einem

---

[97] Im Unterschied zu etwa der Abfassung von „White Collar" zeigt sich Mills (2000a, S. 230) auch selbst davon begeistert, dass er bisher nie so ein „well-written first draft" geschrieben hat (vgl. auch Mills 2000a, S. 238).

Schreiben nennt er die Arbeit dabei bereits „the sociological imagination" (Mills 2000a, S. 232).[98]

In dem ersten Kapitel des Werkes, das er als „,defense' (without appearing to be such) of the kind of stuff I've done" bezeichnet (Mills 2000a, S. 230), charakterisiert er diesen zentralen Begriff der „sociological imagination" bzw. der „soziologischen Phantasie" genauer so, dass sie Geschichte, Biographie und deren Verbindung zur Gesellschaft in Beziehung setzt. Diese Eigenschaft zeigt sich für ihn bei den klassischen Gesellschaftsanalytikern (Mills 2016, S. 27f.). Er greift dabei seine Beschreibung aus dem Aufsatz „IBM plus Reality plus Humanism = Sociology" auf und meint, dass diese alle drei Fragen gestellt haben: 1. Wie ist die Struktur der Gesellschaft als Ganzes und wie unterscheidet sie sich von anderen, 2. welche Stelle nimmt die Gesellschaft in der Geschichte ein und 3. welcher Typus Mann bzw. Frau dominiert in dieser Periode (Mills 2016, S. 28f., 1963w)? Mills nimmt zudem die Unterscheidung zwischen „Milieu" und „Struktur" aus seinem gemeinsamen Buch mit Gerth „Character and Social Structure" auf (Gerth und Mills 1953)[99] und verbindet diese mit der zwischen „Schwierigkeiten", d.h. „personal troubles of milieu", und „öffentlichen Problemen", d.h. „public issues of social structure": „*Private Schwierigkeiten (troubles)* hängen mit dem Charakter des Einzelnen und seinen unmittelbaren sozialen Beziehungen zusammen; sie haben etwas mit seiner Person und mit den begrenzten sozialen Lebensbereichen zu tun, die er direkt und persönlich überblickt. [...] Eine solche Schwierigkeit ist deshalb ein persönliches Problem. Ein Individuum sieht Werte bedroht, die ihm lieb sind. *Öffentliche Probleme (issues)* beziehen sich auf Angelegenheiten, die über diese lokalen Umwelten des Individuums und seiner inneren Welt hinausgehen. [...] Hier sieht man einen öffentlich hochgehaltenen Wert bedroht." (Mills 2016, S. 30f.)

---

98 In der Folge findet aber vor der Veröffentlichung noch ein häufiger Titelwechsel statt. In einem späteren Brief an Lewis und Rose Coser vom 29. Oktober 1957 nennt er das Buch „The Social Sciences: a Cultural Critique" (Mills 2000a, S. 256). Später ändert er den Titel zu „Autopsy of Social Science", in einem Brief an Ralph Milband vom 1. Mai 1958 zeigt er sich aber auch damit unzufrieden: „The present one is no good. It is after all not social science and it is not exactly an autopsy. I want the whole thing to be more positive." (Mills 2000a, S. 266) Er kehrt daher schließlich zu der ursprünglichen Idee „The Sociological Imagination" zurück.

99 Das Milieu ist damit für ihn erneut die soziale Umwelt, die „seiner persönlichen Erfahrung und bis zu einem gewissen Grad, auch seinem intentionalen Handeln zugänglich ist", die aber durch strukturelle Veränderungen betroffen ist (Mills 2016, S. 30f.).

6.2 „The Sociological Imagination"

Diese Differenz ist für ihn von Bedeutung,[100] weil Mills als Merkmals seiner Zeit ein Gefühl des Unbehagens und der Apathie ausmacht, das häufig in psychiatrischen Begriffen umschrieben wird, wodurch strukturelle Ursachen aber ausgeblendet werden. Die wichtigste Aufgabe der Soziologie ist es daher, die wahren Gründe dafür herauszufinden, was sie zur zentralen Wissenschaft der Zeit macht.[101] Die „soziologische Phantasie" ist deshalb auch der allgemeine Nenner der derzeitigen Epoche und führende Kritiker, Journalisten und Schriftsteller besitzen sie ebenfalls (Mills 2016, S. 39). Die Rolle wird aber, er greift damit Überlegungen aus seinem Brief an Wakefield vom 5. November 1956 wieder auf, von der Belletristik zunehmend nicht mehr übernommen: „Die Menschen wollen vor allem etwas über die soziale und die historische Wirklichkeit erfahren und finden die Gegenwartsliteratur dafür oft ungeeignet." (Mills 2016, S. 42)

Nach dieser ersten kurzen Skizzierung seines eigenen Ansatzes fährt Mills (2016, S. 55, 64f., 74f.) mit der Kritik der „Großtheorie" von Parsons (1951) als einer der zwei dominierenden Richtungen in der Soziologie fort, da diese seiner Ansicht nach unverständlich – er „übersetzt" daher Ausschnitte aus dessen Werk „The Social System" in eine einfachere Sprache –, und empiriefern sei sowie dem Phänomen „Macht" kaum Aufmerksamkeit schenke. Zudem könne sie Fragen des Konflikts bzw. des Wandels nicht erklären und sei nicht anwendbar auf „Probleme" (Mills 2016, S. 78). Darüber hinaus besitzt sie für ihn eine geringe öffentliche und politische Wirkung: „Im politischen Apparat spielt die große Theorie gegenwärtig keine direkte Rolle und ihrer mögliche Popularisierung steht, wie schon erwähnt, ihre mangelnde Verständlichkeit im Wege." (Mills 2016, S. 86) Auch gibt es, wobei er erneut Überlegungen aus „Character and Social Structure" aufgreift (Gerth und Mills 1953), verschiedene Formen der Integration, nicht nur eine Wert-Integration wie bei Parsons, sondern etwa eine durch Gewalt oder Androhung von Gewalt (Mills 2016, S. 72). Die unterschiedlichen Integrationstypen führt er dabei auf Unterschiede in der Sozialstruktur zurück. Als Aufgabe der Soziologie versteht er daher die Erstellung von Gesellschaftsdiagnosen bzw. die Beschreibung der „Gesellschaftsstruktur", d.h. der institutionellen Ordnungen und deren Beziehungen zueinander (Mills 2016, S. 80). Dadurch kann man für ihn dann Modelle entwickeln, mit denen man erkennen kann, was diese jeweils zusammenhält.

---

100 In seinem Vortrag „The Big City: Private Troubles and Public Issues" nennt er sie sogar die möglicherweise „most fruitful distinction", mit der die „sociological imagination" arbeitet (Mills 1963p, S. 395).

101 Früher waren dies die Naturwissenschaften, die für ihn nun aber, wie z.B. die Wasserstoffbombe, mit Skepsis betrachtet und als bedrohlich empfunden werden. In diesem Zusammenhang verweist Mills (2016, S. 40, 42) auf die Debatte der „zwei Kulturen" bei C. P. Snow (1993).

Genauer unterscheidet er hier zwei Arten der Integration: 1. die Korrespondenz, d.h. in allen Ordnungen herrscht das gleiche Prinzip wie z.B. in der liberalen Gesellschaft, und 2. die Koordination, d.h. eine institutionelle Ordnung besitzt die Kontrolle über alle wie in der totalitären Gesellschaft, in der die Parteiorganisation die dominante Position einnimmt (Mills 2016, S. 81–83).[102] Sein prinzipieller Punkt ist deshalb, dass „es keine ‚Großtheorie' gibt, kein universelles Einheitsschema, mit dem wir die Einheit der Gesellschaftsstruktur verstehen können, keine Einheitsantwort auf das uralte Problem der sozialen Ordnung *überhaupt*." (Mills 2016, S. 83) Zudem braucht man eine Vielfalt solcher Arbeitsmodelle und diese müssen in einem „engen empirischen Zusammenhang mit einem weiten Spektrum historischer und zeitgenössischer Gesellschaftsstrukturen" stehen (Mills 2016, S. 83), in diesem Zusammenhang erinnert Mills (2016, S. 85) als Modell an die deutsche historische Tradition u.a. von Max Weber.

Mills (2016, S. 88–90) setzt sich auch kritisch mit der zweiten herrschenden soziologischen Strömung, dem „abstrakten Empirismus" auseinander und stellt u.a. dessen Begriff der „Öffentlichkeit" in Frage,[103] u.a. da er die Effekte der Massenmedien ohne die Berücksichtigung der Strukturen nicht erfassen kann. Ein weiteres generelles Problem ist für ihn dessen Wissenschaftslehre, in der die Naturwissenschaften das Vorbild sind (Mills 2016, S. 97). Zudem entsteht dadurch der neue Typus des Wissenschaftlers des „Geschäftsführers" bzw. „Forschungstechnikers" (Mills 2016, S. 94). Darüber hinaus wirft er ihm die Fixierung auf die Methoden vor, die nun die Probleme bestimmen. Nach Mills (2016, S. 97, 117) sollte eine Methode aber nur so exakt sein, wie es das jeweilige Problem zulässt, dieses jedoch niemals selbst determinieren. Auch ist diese Richtung aufgrund seiner erkenntnistheoretischen Annahmen gegen vergleichende und historische Untersuchungen ausgerichtet (Mills 2016, S. 111). Schließlich lautet wie in Bezug auf die „Großtheorie" sein Einwand, dass sie „die großen Sozialprobleme und Ereignisse unserer Zeit von vornherein aus dem Untersuchungsbereich ausschließt" (Mills 2016, S. 118). Mills (2016, S. 118) wendet sich aber nicht prinzipiell gegen quantitative Ansätze: „Wenn man über Probleme arbeitet, die statistischen Verfahren leicht zugänglich sind, sollte man diese auch immer anzuwenden versuchen."[104] Dies gilt

---

102 Die in „Character and Social Structure" noch angeführten weiteren Integrationstypen der Ko-Inzidenz und der Konvergenz fehlen damit aber (Gerth und Mills 1953, S. 254).

103 Diese beiden Kritiken von Mills an den zwei dominierenden Strömungen in der Soziologie werden in der Folge auch am meisten beachtet (Aronowitz 2012, S. 221).

104 Mills (2016, S. 117) versteht dabei unter „Problemen" nicht nur Fragen, die „politisch, praktisch oder moralisch bedeutsam" sind, sondern auch die für die „Konzeption einer Gesellschaftsstruktur".

6.2. „The Sociological Imagination"

z.B. für die Herkunft der Elite. Diese Methoden sind jedoch nicht als einzig legitime anzusehen, da es zusätzlich notwendig ist, bestimmte Bereiche für „gründliche und exakte Untersuchungen" auszuwählen (Mills 2016, S. 119).

Weiter problematisiert Mills (2016, S. 134) in dem Buch die Formen der Anwendung sozialwissenschaftlicher Ergebnisse, z.B. ihre „Relevanz für bürokratische Routinen und ideologische Zwecke" und unterscheidet dabei eine liberale und eine illiberale Praxis. Die erste Form ist durch den Fokus auf das „Milieu" charakterisiert, wobei er für deren Erklärung seine frühere Wissenssoziologie aufnimmt und auf seinen Aufsatz „The Professional Ideology of Social Pathologists" verweist (Mills 2016, S. 136, 1963u).[105] Als Beispiel für die (neue) nichtliberale Richtung nennt er die „Human Relations", die auf das Interesse der Institutionen ausgerichtet ist, wodurch ein „Trend zur Technikerrolle" entsteht (Mills 2016, S. 144, 154). Die Verbindung zwischen dem „abstrakten Empirismus" und der praktisch-bürokratischen Anwendung führt für ihn darüber hinaus zu einer bürokratischen Entwicklung, d.h. dass durch die Rationalisierung der Wissenschaft die intellektuellen Prozesse selbst bürokratisiert werden (Mills 2016, S. 158f.).

Dem stellt Mills aber die klassische soziologische Tradition gegenüber.[106] Für diese war weder die Methode noch die Theorie ein eigenständiger Bereich, sondern sie war auf „Probleme" ausgerichtet: „Die meisten klassischen Arbeiten (die in diesem Zusammenhang gelegentlich *makroskopisch* genannt werden), liegen zwischen dem abstrakten Empirismus und der Großtheorie. Auch sie abstrahieren von vielem, was in Alltagsmilieus beobachtbar ist, aber diese Abstraktion orientiert sich an gesellschaftlichen und geschichtlichen Strukturen." (Mills 2016, S. 190). Als Beispiele nennt er Neumanns (1942) „Behemoth" und Webers Bericht über die chinesischen Mandarine (Mills 2016, S. 191). Sie wechselten zudem noch zwischen makroskopischen Untersuchungen und detaillierten Ausführungen hin und her (Mills 2016, S. 192).

Daran anknüpfend kommt Mills (2016, S. 201) nach diesen kritischen Anmerkungen zu den „programmatischen" Abschnitten des Werkes, in dem er seine eigenen Vorstellungen näher ausführt. Das Konzept der „Sozial-" bzw. „Gesellschaftsstruktur" ist für ihn dabei von besonderer Bedeutung (Mills 2016, S. 208).

---

[105] In einem Brief nennt er das Kapitel daher selbst „a kind of little sociology of knowledge of the social science but not called that" (Mills 2000a, S. 267). Mills (2016, S. 166) hält in dem Werk auch grundsätzlich an der Bedeutung eines wissenssoziologischen Zugangs fest: „Wenn wir begreifen wollen, was in irgendeinem Bereich kultureller und geistiger Arbeit geschieht, müssen wir seinen unmittelbaren sozialen Kontext verstehen."

[106] Er gibt hier damit, wie er es in einem Brief formuliert, eine „sort of definition of ,the classic social science tradition'" gibt (Mills 2000a, S. 267).

Darüber hinaus sollte die Soziologie interdisziplinär angelegt sein, da etwa die Trennung der Modelle für die Wirtschaft und die Politik durch neue Formen der Wirtschaftspolitik in Frage gestellt wird: „Für eine empirisch gehaltvolle Theorie muss man auch das Management von Wirtschaftsorganisationen und die Rolle der Entscheidungsträger in und zwischen ihnen betrachten [...]" (Mills 2016, S. 210). Deshalb hält er es für notwendig, dass sich die Sozialwissenschaftler einer „Sozialwissenschaft als Ganze[s]" und zudem einem vergleichenden Vorgehen anschließen (Mills 2016, S. 210). Wichtig ist für ihn ebenfalls die Beachtung der Geschichte und die Entwicklung einer „soziologisch fundierte[n] und historisch relevante[n] Psychologie",[107] weshalb er das Kapitel in einer frühen Gliederung auch „Biography and History" nennt (Mills 2016, S. 217, 2000a, S. 267). Für Mills (2016, S. 222) ist daher jede Soziologie, „die diesen Namen verdient", historische Soziologie. Diese ist auch erforderlich für Vergleiche, weil nur dadurch die Vielfalt der Möglichkeiten sichtbar wird. Zudem sind größere Strukturen am Besten im geschichtlichen Wandel zu erkennen (Mills 2016, S. 225).[108] Mills bezieht sich dabei erneut auf Mannheims (1940) Begriff der „principia media": „Es gibt, glaube ich, nicht ein einziges von Sozialwissenschaftlern formuliertes ‚Gesetz', das transhistorisch ist und nicht mit den spezifischen Strukturen einer bestimmten Periode zu tun hat. Sozialwissenschaftliche ‚Gesetze', die einen anderen Eindruck erwecken, erweisen sich bei näherem Hinsehen als leere Abstraktionen oder ziemlich konfuse Tautologien." (Mills 2016, S. 226) Man kann für ihn hingegen einzig die „principia media" der Gesellschaft erfassen (Mills 2016, S. 226). Die älteren Theoretiker versuchten dagegen noch allgemeingültige Gesetze aufzustellen, d.h. solche, die auf alle Gesellschaften anwendbar sind (Mills 2016, S. 226).

Das Interesse des Sozialwissenschaftlers an der Geschichte findet für ihn seinen Schlusspunkt in dem Bild, „das er nach und nach von einer eigenen Epoche gewinnt" (Mills 2016, S. 247).[109] Er selbst gibt ebenfalls solch eine Beschreibung und sieht die Menschen am „Ende einer Epoche", d.h. des modernen Zeitalters

---

107 Mills (2016, S. 241) verweist dabei erneut auf sein Buch mit Gerth (Gerth und Mills 1953).

108 Ein solches komparatives Vorgehen ist für Mills (2016, S. 224) z.B. wichtig für Fragen der „politischen Indifferenz" und der „Öffentlichkeit": „Ohne derartige Vergleiche lässt sich beispielsweise die Bedeutung so zentraler politikwissenschaftlicher Themen wie ‚Öffentlichkeit' und ‚öffentliche Meinung' nicht klarmachen."

109 Für dieses Kapitel benutzt Mills (1963h, 2000a, S. 228, 234) Material aus seiner Vorlesung „Culture and Politics", das ursprünglich für ein eigenes Buch mit dem Titel „The Fourth Epoch" bzw. „Politics & Culture" gedacht war. In einem Brief verweist er als Anregung dazu erneut auf die deutsche soziologische Tradition, „which was at all times concerned with ‚the nature of our epoch'" (Mills 2000a, S. 228).

6.2. „The Sociological Imagination" 65

stehen, worauf eine „postmoderne" Zeit folgt, die er die „Vierte Epoche" nennt (Mills 2016, S. 248). Charakteristisch ist für diese, dass „die Ideen der Freiheit und der Vernunft zweifelhaft geworden sind; dass man von zunehmender Rationalität nicht zwangsläufig mehr Freiheit erwarten kann", wobei sich Mills (2016, S. 250, 251) erneut auf Mannheim bezieht, der von „funktionaler Rationalität" spricht. Die Ideale sind z.b. durch große und rationale Bürokratien, gefährdet. Die starke Stellung der Wissenschaft ist gleichfalls keine Garantie mehr für eine höhere Vernunft: „Rational organisierte soziale Ordnungen sind nicht zwangsläufig Mittel zu mehr Freiheit – für das Individuum und die Gesellschaft. Sie sind vielmehr oft Instrumente der Tyrannei und der Manipulation, die dazu dienen, dem Menschen jede Chance auf Vernunft und jede Fähigkeit zu freiem Handeln zu rauben." (Mills 2016, S. 252) Es stellt dann nur mehr eine „Rationalität ohne Vernunft" dar (Mills 2016, S. 255).

Aber Mills spricht auch von der Notwendigkeit der Kontrolle der Entwicklung der Gesellschaft.[110] Die Untersuchung der Geschichte geschieht für ihn gerade aus dem Glauben heraus, dass die Zukunft nicht strukturell vorherbestimmt ist, und um Eingriffsmöglichkeiten zu entwickeln. Sie soll daher Alternativen deutlich machen: „Wir untersuchen, kurz gesagt, Gesellschaftsstrukturen der Vergangenheit, um zu sehen, auf welche Weisen sie gesteuert werden und sich steuern lassen." (Mills 2016, S. 259f.) Er sieht darüber hinaus zwar eine Krise der Werte „Vernunft" und „Freiheit", betont jedoch deren Bedeutung: „Freiheit ist vor allem die Möglichkeit, die verfügbaren Alternativen zu formulieren und über sie zu streiten – und dann eine Wahl zu treffen. Deshalb ist Freiheit nur möglich, wenn die Vernunft im menschlichen Leben eine größere Rolle spielt." (Mills 2016, S. 260)

In dem Kapitel „Über Politik" beschreibt er deshalb die Rolle des Faches in diesem Prozess und damit einer „public sociology" genauer, ohne das Mills diesen Begriff hier selbst verwendet.[111] Die Forscher müssen sich dafür zunächst über die eigene Stellung in der Gesellschaft klar werden, wobei Mills (2016, S. 268) drei mögliche Positionen sieht: 1. Die als Philosophenkönig, was für ihn der Idee der Demokratie widerspricht, 2. die als Berater, z.B. in Form der Verwendung von Forschungsergebnissen für die Verwaltung, und 3. die, sich die Unabhängigkeit zu bewahren, sich selbst die Probleme herauszusuchen und das Wort „an die Könige und an ‚Öffentlichkeiten' zu richten". Zu dieser letzten Richtung, zu er sich selbst

---

110 Mills bezieht dies in seinem Vortrag „The Big City: Private Troubles and Public Issues" z.B. auf die Stadtplanung. Notwendig ist es etwa, „to consider publicly, imaginatively, planfully the city as a structure" (Mills 1963p, S. 399).

111 Burawoy (2008) nennt dieses Kapitel von Mills aber explizit als Anregung für sein eigenes Modell der „public sociology".

zählt, schreibt er weiter, dass sie versucht, „auf der Basis der Vernunft zu *handeln*" (Mills 2016, S. 268). Verbunden ist die Position mit der Annahme, in die Geschichte aktiv eingreifen zu können (Mills 2016, S. 268f.).

Weiter unterscheidet Mills drei Zielgruppen, die die Disziplin ansprechen kann: 1. die die Macht haben und sich der Konsequenzen ihrer Entscheidungen bewusst sind, 2. die, die Macht haben und sich deren Folgen nicht bewusst sind, und 3. die, die keinen Einfluss haben. Letztere sollen über den Zusammenhang von persönlichen Problemen und Gesamtzusammenhängen aufgeklärt werden, was Mills (2016, S. 275) als die „pädagogischen" und „öffentlichen" („public") Aufgaben der Soziologie bezeichnet.

Derjenige, der um solch eine „befreiende Bildung" bemüht ist,[112] hat dabei zwei Ziele: „Für das Individuum sollte er persönliche Schwierigkeiten und Sorgen in gesellschaftliche Probleme und Fragestellungen übersetzen, die der Vernunft zugänglich sind – sein Ziel hierbei ist, dem Einzelnen zu helfen, zu einem sich selbsterziehenden Menschen (*self-education man*) und erst dadurch wirklich vernünftig und frei zu werden. Für die Gesellschaft sollte er allen jenen Kräften entgegentreten, die dabei sind, echte Öffentlichkeiten zu zerstören und eine Massengesellschaft zu errichten – sein Ziel hierbei ist, positiv ausgedrückt, beim Aufbau und der Stärkung sich selbstkultivierender Öffentlichkeiten zu helfen. Erst dann kann die Gesellschaft vernünftig und frei sein." (Mills 2016, S. 276) Mills (1963, S. 276, 277) geht es dabei besonders um die Bildung der „Sensibilität" und als deren Ziel. „Das Endprodukt jeder Erziehung zur Freiheit sind ganz einfach Männer und Frauen, die sich selbst bilden und selbst kultivieren; das Endprodukt ist, kurz gesagt, das freie und vernünftige Individuum. Eine Gesellschaft, in der solche Individuen überwiegen, ist in einem wesentlichen Sinn des Wortes demokratisch." Als Ideal der Demokratie versteht er daher, dass „diejenigen, die von einer für sie wesentlichen Entscheidung Dritter betroffen sind, bei dieser Entscheidung eine wirksame Stimme haben. Das wiederum bedeutet, dass die Macht zu solchen Entscheidungen immer öffentlich legitimiert sein muss und dass diejenigen, die solche Entscheidungen treffen, sie öffentlich zu verantworten haben." (Mills 2016, S. 278f.) Dies ist aber nur möglich, wenn die Individuen und die Öffentlichkeit die von ihm beschriebenen Eigenschaften haben. Für den Fall, dass man die dritte,

---

112 Dieser Abschnitt des Buches beruht auf Mills' (1963n) Artikel „Mass Society and Liberal Education", in dem er die Frage behandelt, welche Aufgabe das „liberal college" für Erwachsene hat.

6.2. „The Sociological Imagination"

autonome Rolle einnimmt, ist es daher das Ziel, die „Gesellschaft demokratischer zu machen" (Mills 2016, S. 281).[113]

Eine Bedingung, um diese Funktion auszuüben, ist für ihn ein entsprechender Stil, d.h. „dass die Sprache, in der Sie Ihre Arbeit präsentieren, so klar und einfach sein sollte, wie es Ihr Gegenstand und Ihre Überlegungen zu ihm erlauben" (Mills 2016, S. 320). Diese Forderung wird für ihn aber häufig nicht eingehalten. Der Grund dafür ist jedoch nicht die Komplexität der Probleme, sondern die Sorge über den eigenen Status: „In vielen akademischen Zirkeln wird heute jemand, der versucht, allgemeinverständlich zu schreiben, gerne als ‚reiner Literat' oder, schlimmer noch, als ‚reiner Journalist' abqualifiziert." (Mills 2016, S. 321) Mills (2016, S. 325) bezieht sich dagegen auf Trilling, der ihm rät, sich vorzustellen, eine Vorlesung über ein bekanntes Gebiet „vor Lehrenden und Studierenden aller Fakultäten einer führenden Universität sowie interessierten Bewohnern einer nahegelegenen Stadt" zu halten, und dann beginnen solle zu schreiben.

Auf dieses Buch von Mills erfolgt auch generell eine positive Reaktion der NYI, da es große Übereinstimmungen zu ihren Auffassungen zeigt und er darin Positionen zusammenfasst, die von anderen aus der Gruppe ebenfalls vertreten werden, z.B. die öffentliche Aufgabe der Soziologie und die Nähe zur Literatur. Riesman und Hofstadter, die das Manuskript Korrektur lesen, unterstützen daher als einzige der Kommentatoren ohne Einschränkungen Mills' Kritik an den dominierenden Trends in der Soziologie, insbesondere an deren Nichtbeachtung der öffentlichen Bedeutung des Faches (Haney 2008, S. 157). Richard Gillam (1989, S. 680, 689, 1977/1978, S. 84) weist zudem auf die Übereinstimmungen von Mills' Arbeit zu Trillings (1950) Werk „Liberal Imagination" und Hofstadters (1963) späterer Studie „Anti-Intellectualism in American Life" (1963) hin.

Die Parallelen werden ebenfalls in den Rezensionen deutlich. Wrong (1959, S. 375, 1990, S. 13) z.B. bezeichnet es in seiner Besprechung in „Commentary" als das bisher beste Buch von Mills und im Rückblick zudem als eines, „I would dearly love to have written myself". Für ihn besitzen die zeitgenössischen Fachvertreter ebenfalls nicht mehr die „sociological imagination" wie früher die Klassiker, weshalb sie sich Nicht-Soziologen wie Hannah Arendt, Trilling oder W. H. Whyte

---

[113] Mills (2016, S. 282) zeichnet aber kein monolithisches, sondern ein pluralistisches Bild der Wissenschaft, da eine Konkurrenz unter den Sozialwissenschaftlern besteht: „Ihre Ideen würden, kurz gesagt, miteinander im Wettbewerb stehen und dieser Wettbewerb wäre (als Prozess wie in seinem Ergebnis zu jedem beliebigen Zeitpunkt) politisch relevant." Er erwartet zudem nicht, dass „alle Definitionen der sozialen Wirklichkeit oder gar alle Zielvorstellungen letztlich in eine einzige, unstrittige und geschlossene Doktrin münden werden" (Mills 2016, S. 282).

und Soziologen wie Riesman und Mills zuwenden (Wrong 1959, S. 375).[114] Mills vertritt für ihn jedoch wiederum nicht die Position von Journalisten oder Schriftstellern, da er Fakten für notwendig hält. Darüber hinaus stellt für Wrong (1959, S. 379) Mills' Beschreibung, wie die beiden Strömungen der „großen Theorie" und des „abstrakten Empirismus" zu den dominanten in der amerikanischen Soziologie werden konnten, eine „first-rate sociology of sociology itself" dar.[115] Selbst Shils (1960, S. 81) kritisiert in seiner Besprechung „Imaginary Sociology", die häufig als Beleg für die negative Reaktion auf Mills' Werk herangezogen wird (Summer 2008b, S. 9; Geary 2009, S. 174), die zeitgenössische akademische Soziologie und verwendet dafür den Mills'schen Begriff der „sociological imagination": „The present achievements of sociology are technical and particular, abstract and rigid. A properly cultivated sociological imagination would be supple, easily accessible to the concrete, and it would transcend the particular."[116]

Auch Coser (1960a, S. 166) macht in seiner Rezension wie Mills allgemeine Bemerkungen zum Verhältnis von Soziologie und Literatur und konstatiert dabei ein Spannungsverhältnis zwischen ihnen, da die Schriftsteller bisher für die „cultural criticism" zuständig waren, weshalb sie die Soziologen als Eindringlinge kritisieren. Dies erzeugt für Coser (1960a, S. 166) eine, nicht gänzlich, unberechtigte Abwehrreaktionen bei ihnen: „Sociologists, apart from a few rare exceptions, are given to a barbarous disregard for the language, an almost wilful disrespect for style and elegance of presentation." Mills kritisiert aber seine eigene Disziplin in vielen Punkten, die von Literaten gleichfalls genannt, zudem legt er Wert auf den Stil seiner Arbeiten. Mills' Buch „The Sociological Imagination" wird daher, wie er vermutet, sowohl von ihnen als auch von Sozialwissenschaftlern mit Interesse diskutiert werden. Coser (1960a, S. 173) selbst sieht jedoch, wie die Zahl der Popularisierungen sozialwissenschaftlicher Ergebnisse in den letzten Jahren für ihn belegen, Fortschritte in der Hinsicht in der Disziplin.

Ohne konkrete Namen zu nennen, verweist er damit indirekt auf andere Werke der in den 1950er-Jahren entstandenden „popular" bzw. „public sociology". Zu dieser Richtung sind u.a. insbesondere die in den 1950er-Jahren und Anfang der 1960er-Jahre erscheinenden Bestseller „The Hidden Persuaders", „The Status

---

114 Wrong (1959, S. 377) spricht in diesem Kontext auch von dem „humanist underground" in der amerikanischen Soziologie, was andeutet, dass dies keine Einzelposition von Mills ist.

115 Er äußert aber die Kritik, dass die von Mills geforderte historische und komparative Dimension in seinem eigenen Werk fehlt (Wrong 1959, S. 379).

116 Zudem müssen bei der kritischen Reaktion von Shils die vorangegangenen Konflikte mit Gerth und Mills um die Weber-Übersetzungen berücksichtigt werden (Oakes und Vidich 1999).

6.2. „The Sociological Imagination"

Seekers" und „The Waste Makers" von Vance Packard (1957, 1959, 1960) zu zählen, die Coser (1959) aber ambivalent betrachtet, wie seine Rezension von dessen Buch „The Status Seekers" zeigt. Sein Einwand lautet, dass Packard Ergebnisse der akademischen Soziologie nimmt und daraus soziologischen „Kitsch" macht, wodurch das neue Feld der „*Kitsch* sociology" entsteht (Coser 1959, S. 480). Ein Charakteristikum dieser neuen Form der Soziologie ist für ihn, dass Bedeutungsfeinheiten eliminiert und die Ergebnisse aus dem Kontext gerissen werden. Der Grund für den Erfolg solcher Bücher ist jedoch, dass der Autor ziemlich genau die Richtung des Zeitgeistes erfasst, u.a. da es in den 1950er-Jahren eine starke Beschäftigung mit dem „Status" gegeben hat. Er lobt Packard deshalb trotz seiner Kritik dafür, dass er ein „fairly good journalistic eye for much that is happening on the contemporary scene" besitzt (Coser 1959, S. 483), was als implizite Kritik an dem Zustand der zeitgenössischen Soziologie gelesen werden kann.

Ein ähnliches Argument benutzt Seymour M. Lipset (1961), dessen Artikel mit Neil Smelser „Change and Controversy in Recent American Sociology" gleichfalls als Beleg für die negative Reaktion auf Mills' Werk gesehen wird (Lipset und Smelser 1961; Geary 2009, S. 174),[117] in seiner Besprechung von Packards (1960) Buch „The Waste Makers", die in „Commentary" erscheint. Dabei begrüßt er ebenfalls das Ziel der Popularisierung der Ergebnisse der Sozialwissenschaften: „Mr. Packard has set himself a worthy goal. American sociology, because most of its practitioners disdain writing for a lay public, has insufficiently influenced general social policy. Psychology, economics, and anthropology, on the other hand, have all been better served by their intellectual leaders." (Lipset 1961, S. 80) Als mögliche Gründe für die Zurückhaltung der Soziologen in der Öffentlichkeit bezeichnet er wie Mills das fehlende Selbstvertrauen der Disziplin, die besorgt über ihren eigenen Status als Wissenschaft ist und deshalb die „popular arena" nicht betreten will (Lipset 1961, S. 80).

Robert Lekachman (1959, S. 270), der in seiner programmatisch „Popular Sociology" betitelten und in „Commentary" erschienenen Besprechung des Buches „The Status Seekers" von Packard (1959) auf die Kritik von Coser (1959) hinweist,

---

117 Diese Einschätzung bezieht sich insbesondere auf eine längere Fußnote, in der u.a. die These aufgestellt wird, dass Mills „little importance for contemporary American sociology" besitzt (Lipset und Smelser 1961, S. 50). In dem Haupttext wird aber darauf hingewiesen, dass Mills mit seiner Kritik an der zeitgenössischen Soziologie keinen Einzelfall darstellt, sondern z.B. Pitirim Sorokin, Robert Lynd, Barrringon Moore, Dahrendorf und Coser ähnliche Einwände erheben (Lipset und Smelser 1961, S. 45, 51). Zudem muss diese spätere Einschätzung von Lipset (1960) vor dem Licht von Mills' starker Kritik an der „End of Ideology"-These gesehen werden, die Lipset ebenfalls vertreten hat (vgl. dazu Kapitel 8.3).

meint gleichfalls, dass die Soziologen über dessen Erfolg nicht überrascht sein sollten, weil er damit ein bisher nicht befriedigtes Bedürfnis erfüllt: „American are fascinated by sociology. In some form, or other, their demands will be met. Therefore, if social investigators want responsible versions of their findings to be read by publics wider than their colleagues, they had better write them. [...] Responsible social students need seriously to undertake the job of writing responsible popular sociology." Für ihn zeigt der Erfolg u.a. von Packard zudem, dass es einen Markt für diese Art von Büchern gibt (Lekachman 1959, S. 270).

Dies ist ein Grund u.a. für das Erscheinen von Lipsets (1960, 1981, S. 411) Werk „Political Man", das auf einen Vorschlag von Glazer zurückgeht und das sich ebenfalls an eine breite Leserschaft und nicht nur an die eigene Profession richtet. Lipset (1960, S. 9) selbst schreibt in dem Vorwort dazu, dass das Buch an eine Vielzahl von potentiellen Lesern gerichtet ist: „people generally interested in politics, academic analysts, students, and practitioners."[118] Auch Bells (2000) Buch „The End of Ideology", das auf die Anregung des Verlegers Jerry Kaplan zurückzuführen ist, ist in diesem Kontext zu sehen.[119] Riesman (Riesman-Bazelon, 19. Juli 1962, DBP) ordnet deshalb 1962 u.a. Bell und Glazer neben David Bazelon,

---

118 Dieses Merkmal hebt Hacker (1961, S. 547) in seiner Rezension des Buches „Political Man" auch besonders hervor: „There is no pretentious nonsense in *Political Man* about sociology-as-science." Lipset kämpft auch für den von ihm und Leo Löwenthal herausgegebenen Band „Culture and Social Character" zu dem Werk Riesmans, weil das Buch „The Lonely Crowd" in der Soziologie wenig beachtet worden ist. In dem Vorwort weisen sie auf die unterschiedliche Reaktion auf das Werk und dessen Missachtung durch die Soziologie hin: „Whereas the book greatly impressed the intellectual community at large, it failed to impress many sociologists." (Lipset und Löwenthal 1961, S. VIII)

119 Coser (1960b, S. 100) hebt in seiner Besprechung des Buches „End of Ideology" insbesondere die „combination of first-rate social reporting and social analysis which has become so rare among sociologists of the present generation" hervor. Zwar hält er die Spezialisierung der Soziologie für unumgänglich, gerade deshalb ist es aber wichtig, dass es Autoren gibt, die diese überwinden können und „it is even more important that they do so through attention to significant detail rather than on the level of abstract rhetoric" (Coser 1960b, S. 100). In seinem Curriculum für das College-Programm der „Columbia"-Universität geht Bell auch direkt auf die Gattung der „popular sociology" ein: „The success in recent years of ‚popular sociology', e.g., the books of Riesman, Whyte, *et al.*, is due in some measure to the fact that social reportage had disappeared from the American scene (compare the books of Hutchins Hapgood and Jacob at the turn of the century)." (Bell, Memorandum zur Organisation des College-Studienganges, BBP). Erstmals spricht Bell (1957, S. 23) in einer Besprechung der Textsammlung von Schriften von Macdonald in Bezug auf die Theorie der Massengesellschaft von einer „popular sociology".

6.2. „The Sociological Imagination"

der ebenfalls Mitglied der NYI ist, dem „social science journalism, a relatively new genre" zu.

Zudem zeigen sich noch Parallelen der Überlegungen von Mills zu der Position von Gerth, wie schon die häufigen Verweise in „The Sociological Imagination" auf ihr gemeinsames Buch „Character and Social Structure" zeigen (Gerth und Mills 1953; Martindale 1982, S. 165; Bensman 1982, S. 242). Diese Übereinstimmungen werden auch deutlich in dem von Gerth mit Saul Landau zusammen verfassten und 1959 erschienenen Artikel „The Relevance of History to the Sociological Ethos", der auf einem Vortrag Gerths auf einer Tagung 1958 beruht (Gerth 2002, S. 182f.). Für sie sprachen die Klassiker wie Weber ebenfalls noch eine andere Leserschaft an: „His [Webers] work has something relevant to say to an intelligent reading public that is concerned about the future of American society and of the world." (Gerth und Landau, S. 196)

U.a. weil Mills (2000a, S. 267, 1963w) aber den ursprünglichen Plan nicht umsetzt, in sein Werk „The Sociological Imagination" eine „annotate bibliography of great books, past and present" aufzunehmen, die für ihn den Kern seiner Vorstellung einer „sociological imagination" bilden, nennt er dort keine anderen soziologischen Richtungen als den „abstrakten Empirismus" und die „große Theorie", obwohl er in seinem Aufsatz „IBM plus Reality plus Humanism = Sociology" selbst noch drei Gruppen unterschieden hatte (Geary 2009, S. 172f.). Die einseitige Beschreibung des Faches wird deshalb häufig auch in sonst positiven Besprechungen des Buches bemängelt (u.a. Bottomore 1960; König 1961), Mills (1960a) holt dieses jedoch, zumindest in Bezug auf die klassische Tradition, mit seinem Reader „Images of Man" zum Teil nach.

Mills' Klassikerinterpretationen 7

7.1 „Images of Man"

Mills (2000a, S. 281, 1959b) bezeichnet das Werk „Images of Man", in dem Textausschnitte von Arbeiten klassischer Autoren versammelt sind, in einem Brief vom 9. November 1959 selbst als „supplement or companion" zu „The Sociological Imagination". In diesem Buch über die „Great Sociologists" bzw. die „Classic Sociology writings" (Mills 2000a, S. 274, 281) entwickelt er dabei einen anderen und weiteren soziologischen Kanon als z.B. Parsons (1937) in seinem Buch „The Structure of Social Action", weil er darin u.a. Texte des Medientheoretikers Walther Lippmann, von Ökonomen wie Joseph Schumpeter und Thorstein Veblen oder von Mannheim aufnimmt.[120] Zur Begründung für die Berücksichtigung von Lippmann (1922) schreibt Mills (1960b, S. 12) etwa, dass trotz der vielen Studien, die zu dem Thema „öffentliche Meinung" erschienen sind, dessen Werk „Public Opinion" weiterhin „the definitive statement" dazu bleibt. Mannheims Essay zur „Rationalität" enthält für ihn wiederum „the seeds of the most profound criticism of the secular rationalism of Western civilization" und er zählt Mannheim deshalb zu einem der „two or three most vital and important sociologists of the inter-war period", obgleich Weber und Marx für ihn über dem Rest stehen (Mills 1960b, S. 12).

---

[120] Zudem überlegt er, Abschnitte von Arbeiten u.a. von Neumann, Leon Trotzki, Dewey, Mead und George Lukacs zu berücksichtigen (Mills 1966b, S. 25).

© Springer Fachmedien Wiesbaden GmbH, ein Teil von Springer Nature 2019
O. Neun, *Zur Aktualität von C. Wright Mills*, Aktuelle und klassische Sozial- und Kulturwissenschaftler|innen, https://doi.org/10.1007/978-3-658-22376-2_8

Mit Veblen, den er als „beste[n] Sozialwissenschaftler, den Amerika hervorgebracht hat" bezeichnet, beschäftigt sich Mills (1966b, S. 22, 1953) schon in seiner Einleitung für die Neuauflage von dessen Werk „The Theory of the Leisure Class" genauer.[121] Dabei hebt er u.a. die Bedeutung seines Stils und seinen Außenseiterstatus hervor (Mills 1953, S. VI, VIII) Dies ähnelt für ihn den „Wobblies", d.h. den „Industrial Workers of the World (I.W.W.)", einer Gewerkschaft mit einer syndikalistischen Ideologie (Mills 1953, S. IX).[122] Zudem verweist Mills (1953, S. XI) auf Veblens (1964a) Buch „Absentee Ownership and Business Enterprise in Recent Times", dass für ihn viele als sein bestes Werk bezeichnen.

Dagegen äußert sich Mills (1966b, S. 24) in der Einleitung zu „Images of Man" skeptisch gegenüber der französischen Soziologie: „Auf jeden Fall scheinen mir im Vergleich zu den Deutschen die klassischen französischen Soziologen weniger klar und weniger tief."

Mills entwickelt dort darüber hinaus eine interessante Interpretation der darin versammelten Autoren. Wie er ausführt, ist für diese alle der Versuch charakteristisch, „‚den Zustand und das Schicksal' der Gesellschaft in unserer Zeit zu zeichnen", zudem entwerfen sie eher „Modelle" als spezifische „Theorien" (Mills 1966b, S. 6, 9). Der Unterschied besteht für ihn darin, dass „weder die Richtigkeit noch die Ungenauigkeit dieser spezifischen Theorien notwendigerweise die Nützlichkeit oder das Angemessensein der Modelle bestätigt oder widerlegt" (Mills 1966b, S. 10). In deren Werk ist zudem, Mills (1966b, S. 10) gibt damit eine

---

121 Große Teile dieser Einleitung nimmt er in sein Werk „The Power Elite" auf (Mills 1956, S. 58, 108), was in der deutschen Ausgabe „Die amerikanische Elite" aber weniger deutlich wird, da diese Fußnoten zum Teil gestrichen werden (vgl. aber Mills 1962a, S. 108–100). Wie gesehen, erwähnt Mills (1955, S. 347, 475) Veblen zudem schon in seinem Werk „White Collar" an manchen Stellen (vgl. auch Mills 2000a, S. 77).

An Veblens (1948, 1953, 1954, 1963, 1964a, 1964b) Werk gibt es auch aufgrund der wirtschaftlichen Depression und des „new deals" von Roosevelt schon in den 1930er Jahren generell ein verstärktes Interesse und in den Nachkriegsjahren erscheinen mehrere Neuauflagen seiner Arbeiten (Spindler 2002, S. 101, 94). Es besteht dabei erneut eine Gemeinsamkeit mit anderen NYI, da Riesman (1953, S. 85, III) eine Biographie zu Veblen veröffentlicht, in der er auf Mills' (1951) Buch „White Collar" verweist. Mills (2000a, S. 179) wiederum schickt ihm das Manuskript des Kapitels aus „The Power Elite" zu, in dem er sich mit Veblen beschäftigt (vgl. auch Wrong 1959, S. 376).

122 Die persönlichen Affinitäten zu Veblen werden dabei dadurch deutlich, dass sich Mills (2000a, S. 252) in einem Brief selbst als „Wobbly" bezeichnet. Er äußert jedoch auch verschiedene Kritikpunkte an Veblens Idee der ‚leisure class', z.B. dass er dabei nur die lokale, nicht aber die nationale Ebene behandelt (Mills 1953, S. XVIf.). Zum Einfluss von Veblens Arbeiten auf Mills vgl. aber Spindler (2002) und Tilman (2004).

ähnliche Beschreibung dieser Klassiker wie in seinem Buch „The Sociological Imagination", Gesellschaft, Geschichte und Biographie miteinander verwoben. Darüber hinaus hatten sie nicht nur die eigene Disziplin als Leserschaft: „Es ist ebenso Tatsache, daß ihre intellektuellen Probleme für die öffentlichen Belange ihrer Zeit und für die persönlichen Nöte einzelner Männer und Frauen von Bedeutung waren. Darüber hinaus haben sie dazu beigetragen, die Meinungen und die Schwierigkeiten ebenso wie die innersten Beziehungen zwischen den beiden klarer zu definieren. Die Menschen haben Spencer und Marx und Weber und Michels nicht nur zu ihrer eigenen Information gelesen. Sie haben sie auf der Suche nach Orientierung gelesen und aus ihrer Lektüre Orientierung bezogen." (Mills 1966b, S. 11) Er will daher die klassische Tradition wieder aufnehmen, wobei sein Ziel lautet: „Soziologie ist nun einmal ein Hilfsmittel, um hinter die Schlagzeilen der Zeitungen zu sehen." (Mills 1966b, S. 26) Sie soll zudem das „Persönlichkeitsbewußtsein" heben und „die Erkenntnis alles dessen, was wir als einzelne werden könnten" (Mills 1966b, S. 27).[123]

7.2 „The Marxists"

Ein weiterer von Mills (1962b) herausgegebener Reader mit Textausschnitten zu einem Klassiker und einer eigenen Interpretation ist sein Werk „The Marxists". Schon anlässlich der Rezensionen von Paul Sweezy und Herbert Aptheker zu seinem Werk „The Power Elite" schreibt er am 3. November 1956 an Harvey und Bette Swados, dass er nach seiner Rückkehr in die USA eine „tight little critique of ‚Marxism' today" verfassen will: „You see, I've set my stuff always against various forms of liberalism because those are dominant. But it could just as well – in fact easier for me – be set against Marxism." (Mills 2000a, S. 217) In einem Brief an die Zeitschrift „Commentary" vom Frühjahr 1957 wendet er sich daher ausdrücklich gegen die Beschreibung als „Marxist" (Mills 2000a, S. 237).

Das Werk „The Marxists" ist ebenfalls nicht für ein Fachpublikum, sondern für ihn für Menschen geschrieben, die von der Politik und der politischen Philosophie

---

[123] In der Einleitung unterscheidet Mills (1966b, S. 19) zudem verschiedene Formen der Soziologiegeschichtsschreibung, wobei das „immanente Modell" für ihn bereits von Mannheim widerlegt wurde. Auch an anderer Stelle erfolgt erneut ein Bezug zur Wissenssoziologie, z.B. bezeichnet er Herbert Spencer als „Vorläufer von Mannheims Soziologie der Ideen" und sieht als Gemeinsamkeit zwischen beiden Autoren: „In ihren Essays setzen sich Spencer und Mannheim mit den Beziehungen der Ideen zu dem Menschen als deren Träger, zu einer Gesellschaft, und zu dem Blickpunkt, den seine Stellung ihm ermöglicht, auseinander." (Mills 1966b, S. 20)

gelangweilt sind: „If this book does no more than push such people a bit closer to the experience of being full citizens, it will have fulfilled its central purpose." (Mills 1962b, S. 11)[124] Es zeigen sich zudem Parallelen zu seinen Überlegungen in „Images of Men" (Mills 1966b), da er den Marxismus ebenfalls in die klassische soziologische Tradition einreiht, u.a. weil sich dieser gleichfalls nicht nur mit Milieus, sondern mit ganzen Gesellschaftsstrukturen beschäftigt. Auch nach Marx gibt es daher aber für Mills (1962b, S. 13) relevante Autoren: „Is there any doubt about this after Max Weber, Thorstein Veblen, Karl Mannheim – to mention only three? We do now have ways – better than Marx's alone – of studying and understanding man, society and history, but the work of these three is quite unimaginable without his work." Er unterscheidet darüber hinaus erneut zwischen dem „Modell" und der „Theorie" von Marx, wobei Ersteres nicht falsch sein kann und das ist, was für ihn am Marxismus weiterhin lebendig ist. Darunter versteht Mills (1962b, S. 39) z.B. das Prinzip der „historischen Spezifität", d.h. dass Trends nur einer „specific epoch" beschrieben und nicht weiter generalisiert werden sollen: „We must think ‚epochally'. Each epoch is a new type of society [...]." Er hält deshalb die Methode von Marx für eine bleibende Errungenschaft, seine generelle Theorie der Gesellschaft aber für inadäquat (Mills 1962b, S. 129).[125]

Er unterscheidet weiter drei intellektuelle Typen, die sich mit Marx beschäftigen: den „Vulgar Marxism", den „Sophisticated Marxism" und den „Plain Marxism" (Marx 1962b, S. 95). Der „Vulgar Marxism" bezieht sich nur auf bestimmte Merkmale der marxistischen Philosophie und identifiziert diese mit dem Ganzen, zudem werden sie bei ihm zu einer Ideologie. Diese Entwicklung sieht er z.B. im Ostblock gegeben, in dem Elemente des Marxismus „essential ingredients of an offical creed subject to official interpretation" und „the offical guide line for all cultural and political life" werden (Mills 1962b, S. 22). Dadurch wird der Ansatz aber banalisiert und verliert „much of its moral force and intellectually cogency" (Mills 1962b, S. 23).

---

124 Die geplante Startauflage des Werkes beträgt daher auch 200.000 Exemplare (Mills 2000a, S. 285).

125 Die Kritik von Mills (1962b, S. 104) an Marx lautet darin z.B. genauer, dass dessen Begriffe der „ökonomischen Basis" oder der „Produktionskräfte" bzw. "-verhältnisse" für ihn unklar sind. Auch stellt für ihn „Klasse" nicht die einzige Dimension der Schichtung dar, sondern ebenso, wie von ihm schon in „Character and Social Structure" und „White Collar" beschrieben (Mills 1951; Gerth und Mills 1953), Status, Macht und Beruf. Dabei nimmt Mills (2000a, S. 275) auch, ohne es hier deutlich zu machen, „the three ‚revisions', the turn of the century staff, the sociologists, such as Weber and Veblen, and the Soviets" auf.

7.2 „The Marxists"

Die zweite Gruppe des „Sophisticated Marxism" beschäftigt sich hauptsächlich mit dem marxistischen Modell der Gesellschaft und den Theorien, die mit Hilfe dessen entwickelt werden. Die empirischen Ausnahmen von dem Modell haben für sie aber zweitrangige Bedeutung und neue Theorien werden hauptsächlich entwickelt, um diese zwar zu berücksichtigen, ohne jedoch das generelle Modell revidieren zu müssen. Ab einem gewissen Zeitpunkt werden die zusätzlichen Hypothesen jedoch so umfangreich und die abweichenden Fakten so zahlreich, „that the whole theory or even the model becomes clumsy" (Mills 1962b, S. 95). Darüber hinaus gibt es für ihn für manche Vertreter dieser Richtung kaum andere Ansätze in den Sozialwissenschaften als den Marxismus. Mills (1962b, S. 97) schließt daraus: „At its best, this style of thinking is tedious and hampers analysis unneccessarily. At its worst, it become a substitute for reflection and inquiry, a sophisticated sloganeering."

Die „Plain Marxists" dagegen, zu denen er sich selbst zählt, arbeiten zwar in der Linie von Marx, verstehen ihn und spätere Marxisten aber als Teil der klassischen soziologischen Tradition und behandeln ihn in wissenschaftlicher Form (Mills 1962b, S. 97, 102). Politisch war sie aber die am wenigsten einflussreichste Gruppe (Mills 1962b, S. 97).

Als Titel des letztes Kapitel des Buches nennt Mills (2000a, S. 275) in einer frühen Gliederung noch „*A New Left?*", in dem er „a political orientation" ausarbeiten will. Diese Idee lässt er zwar später fallen, er entwickelt aber eine solche in seinen politischen Schriften aus dieser Zeit wie dem „Letter to the New Left" (Mills 1963i).

Mills' politische Schriften 8

8.1 „The Causes of World War Three"

Zu Mills' (2000a, S. 263, 318) Bekanntheit tragen die in seinen letzten Lebensjahren erscheinenden politischen „Pamphlete", wie er „The Causes of World War Three" und „Listen, Yankee" selbst nennt, und seine Schriften zur „New Left" weiter bei. „Listen, Yankee" verkauft sich z.B. eine halbe Million mal (Nilsen 2007, S. 181), im Dezember 1960 werden zudem Ausschnitte des Werkes in der Zeitschrift „Harper's" publiziert, was dessen Popularität weiter steigert (Mills 2000a, S. 318, 1960g). Die beiden Bücher „The Causes of World War Three" und „Listen, Yankee" erscheinen auch nicht wie seine früheren Werke bei „Oxford University Press", da dieser Verlag, wie Mills (2000a, S. 263) selbst meint, nicht „this quickie sort of thing" macht, sondern als Taschenbücher bei „Ballantine Books" sowie als Hardcover bei „Simon and Schuster" bzw. „McGraw-Hill".

Die beiden Studien sind aber nach Auffassung vieler Beobachter, selbst derer, die sonst seinem Werk positiv gegenüber stehen, theoretisch seine schwächsten und eher von historischem Interesse (u.a. Scimecca 1977, S. 6; Horowitz 1983, S. 300; Geary 2009, S. 181).[126] Für Todd Gitlin (2006, S. 32) etwa ersetzt Mills

---

126 Gerth schreibt Mills (2000a, S. 269) ebenfalls, dass er „The Causes of World War Three" für nicht so informativ wie „The Power Elite" oder „White Collar" hält. Nach einem Bericht von Harvey Swados (1963) hat Mills zudem in den letzten Lebensmonaten selbst zunehmende Zweifel an seiner Einschätzung der Situation in Kuba. Wrong (1963, S. 294) weist deshalb darauf hin, dass es notwendig ist, „to separate Mills's

in seinen späteren Schriften eine „intellectual complexity" durch ein „moralistic melodrama". Nach Aronowitz (2012, S. 8) endet daher Mills' „most fertile period of intellectual work" mit „The Sociological Imagination".[127]

Ein Grund dafür ist die zunehmende Isolation von Mills (Scimecca 1977, S. 6), weshalb seine späteren Arbeiten für Wrong (1990, S. 13) „from his rupture with the New York intellectuals" u.a. von Howe leiden.[128] Das politische Gefühl der Dringlichkeit führt Mills in der Zeit zudem dazu, zu viele Projekte gleichzeitig zu verfolgen (Geary 2009, S. 189). Darüber hinaus wird er als prominenter Vertreter der „New Left" nun gedrängt, etwa bei einem Interview in Mexiko im März 1960, zu aktuellen politischen Ereignissen Stellung zu beziehen, mit denen er sich vorher noch nicht beschäftigt hat wie der Situation in Kuba (Mills 2008, S. 223; Swados 1963, S. 41). Dies hat zur Konsequenz, dass er öffentliche Positionen dazu vertritt, „without the benefit of time for sociological reflection" (Geary 2009, S. 181).

Im Unterschied zu seinen früheren Arbeiten verwendet Mills z.B. für die Abfassung seiner Werke nurmehr eine kurze Zeit. „The Causes of World War Three" basiert etwa auf Vorträgen und Artikeln, die Mills (1957b) nach seiner Rückkehr aus Europa Ende 1957 hält bzw. publiziert, wie „Program for Peace", das am 7. Dezember 1957 in der Zeitschrift „The Nation" erscheint.[129] Er gibt daher das Manu-

---

work as a sociologist from his openly political pronouncements". Für eine andere Einschätzung von Mills' Buch über Kuba vgl. aber Trevino 2012, 2017.

127 Dieses Werk erscheint zwar erst 1959 und damit später als „The Causes of World War Three", wie gesehen entwickelt Mills (1959b) aber dessen Grundzüge schon während seiner Zeit in Europa 1956/1957.

128 Zu diesem Bruch kommt es nach Mills' Rückkehr aus Europa Ende 1957 bei einem Gespräch zwischen Howe und Mills. Mills zeigt sich dabei optimistisch in der Einschätzung der Entwicklung im Ostblock, äußert sich beeindruckt von den industriellen Fortschritten der kommunistischen Länder und bezeichnet den Anti-Kommunismus seiner alten Freunde für überholt. Sein Plan ist es deshalb, eine neue Volksfront zu errichten, an der auch Intellektuelle beteiligt sein sollen, die Sympathisanten der Kommunisten sind. Howe dagegen nimmt zwar ebenfalls einen Wandel in Ost-Europa wahr, schätzt ihn aber als weniger tiefgreifend ein und will zudem andere Kräfte unterstützen, etwa Intellektuelle, die zu den Liberalen oder Sozialdemokraten zählen. Beide sind deshalb nach dem Treffen verzweifelt, da Mills wiederum Howes (1982, S. 244f.) Haltung als ein Zeichen eines Konservatismus interpretiert. Ab Mitte der 1950er Jahre setzt auch eine stärkere Entfremdung von Mills von Trilling und Hofstadter ein (Horowitz 1983, S. 83; Gilliam 1977/78, 1989). Wie gesehen, schreibt Hofstadter aber noch einen positiven Kommentar zu dem Manuskript zu „The Sociological Imagination".

129 Auch sein späterer Artikel „The Balance of Blame", der 1960 in dieser Zeitschrift veröffentlicht wird, erzielt eine hohe Resonanz und er nimmt ihn deshalb in die zweite Auflage seines Buches „The Causes of World War Three" auf (Mills 2000a, S. 290, 1960d).

skript für das Buch bereits im späten Frühjahr 1958 ab (Mills 2000a, S. 265). Sein Werk „Listen, Yankee" verfasst er ebenfalls in nur sechs Wochen (Mills 2000a, S. 312). Mills (2000a, S. 259, 259f.) nennt zudem z.b. seinen Artikel „Program for Peace" in einem Brief zudem selbst das „silly Nation thing" und bittet deshalb Gerth, ihn sich anzusehen: „I wrote it before leaving and it may well be an expression of hysteria on my part than a sound analsyis." Der Anfang von „The Causes of World War Three" stellt auch allein eine Zusammenfassung seiner Thesen aus seinem Werk „The Power Elite" dar, in die er nun die Sowjetunion einbezieht (Mills 1956, 1959c, S. 29, vgl. auch 1963a). Die beiden Länder ähneln sich deshalb für ihn nun in der Form und der dritte Weltkrieg wird für ihn daher von den Eliten beider Mächte vorbereitet (Mills 1959c, S. 30, 115).

Im dritten Teil des Buches, insbesondere in Kapitel 15, das auf seinem Aufsatz „Program for Peace" basiert, macht er aber neue, konkrete politische Vorschläge. Westdeutschland sollte für ihn etwa die Idee des atomaren Gegenschlags verwerfen und die Engländer, Deutschen und Dänen zudem die NATO verlassen sowie verlangen, die Oder-Neiße-Grenze anzuerkennen (Mills 1959c, S. 149f.) Weiter regt Mills die Auflösung der NATO und des Warschauer Pakts sowie den Rückzug der amerikanischen Truppen aus Europa und der russischen in die Sowjetunion an. Das Ziel wäre eine gemeinsame Wirtschaft und „ein politisch-militärischer Status für den gesamten Kontinent etwa zwischen dem Status Schwedens und dem Österreichs. Ich bin mir darüber im klaren, daß bei jeder freien Wiedervereinigung die DDR verschwinden müßte, aber diesen Verlust würden die Sowjets vielleicht nicht allzu erst nehmen, wenn er ein Bestandteil einer von mir skizzierten europäischen Regelung wäre." (Mills 1959c, S. 150)

Zudem finden sich neue Ideen zur Umsetzung der von anvisierten (öffentlichen) Rolle der Wissenschaften bzw. der Soziologie (Mills 1959b). U.a. fordert er, dass die USA „die Heranbildung von populärwissenschaftlichen Schriftstellern sämtlicher Nationalität fördern [sollte], die fähig sein würden, im Rahmen eines umfassenden Erziehungsprogramms solche Themen zu behandeln wie: Was geht in den ‚Wissenschaften' vor? – worum handelt es sich denn? – was für Projekte sind unterwegs, und warum? Vor allem sollten diese Schriftsteller Gelegenheit haben, das klassische Ethos der Wissenschaft in sich aufzunehmen: Die Regeln offenen Gedankenaustausches und selbstständigen Denkens, die auf der Achtung vor der Vernunft beruhende Toleranz, die Wahrheitsliebe und unerschrockene Beobachtungslust, die Forderung nach sorgfältiger Beweisführung und den Ruf nach kühnen Theorien." (Mills 1959c, S. 145) Um diese „Ethik der Wissenschaft" darzulegen, regt Mills (1959c, S. 145) auch die Nutzung der „ernsthaften und großartigen Möglichkeiten des Rundfunks und Fernsehens" an. Das Ziel sollte es darüber hinaus sein, wissenschaftliche und technologische Bestrebungen aus militärischen in private und öffentliche Institutionen zu verlagern: „Was wir brauchen, ist ein öffentlicher Wissenschaftsapparat, der durch die Öffentlichkeit kontrolliert wird. Wissenschaft und Technologie sollten in ihrer Bedeutung für den sozialen Fortschritt öffentlich debattiert und überwacht werden." (Mills 1959c, S. 146) Dies ist für ihn auch eine notwendige Bedingung für die Demokratie und zudem eine Aufgabe der Intelligenz, für die die Nutzung der Massenmedien deshalb gleichfalls wichtig ist: „Erforderlich ist, daß diesen Menschen der Rundfunk und das Fernsehen offenstehen, damit sie mit ihrer Hilfe die privaten Sorgen des einzelnen in öffentliche Fragen verwandeln und die öffentlichen Fragen und Ereignisse in ihrer Bedeutung für das Privatleben erläutern können." (Mills 1959c, S. 164)

In dem Kapitel 22, „Die Wissenschaft und die Wissenschaftler, entwickelt Mills (1959c, S. 222) ebenfalls neue Vorschläge zu dieser Frage: „Die Wissenschaftler sollten ihr eigenes privates Forum und ihre eigenen publizistischen Organe schaffen. Die Zeit ist mehr als reif für einen gesteigerten und zielbewußten Gedankenaustausch zwischen Wissenschaftlern und anderen Geistesarbeitern und auch zwischen den Wissenschaftlern und einer breiteren Öffentlichkeit."[130]

An mehreren Stellen findet sich nun aber eine indirekte Kritik an früheren Freunden wie Howe. Eine Ursache den kommenden möglichen Krieg ist für ihn z.B. u.a. die Haltung der wissenschaftlichen und intellektuellen Kreise: „Die meisten Kulturträger kämpfen einen Kalten Krieg aus, in dessen Verlauf sie die wirren Auffassungen der offiziellen Welt nachplappern und ausschmücken." (Mills 1959c, S. 120) Sie haben für ihn deshalb zum großen Teil versagt: „Intellektuelle akzeptieren unbesehen die offiziellen Definitionen der globalen Wirklichkeit. Einige der Besten lassen sich von der Politik des Antistalinismus einfangen, die eine wichtige Brücke von den politischen dreißiger Jahren zu dem geistigen Bankrott der unpolitischen fünfziger Jahre geschlagen hat." (Mills 1959c, S. 174)

Öffentlich werden die Differenzen zwischen Mills und Howe durch die Besprechung Howes (1982, S. 245) zu dem Buch, die, wie Howe im Rückblick meint, zu einem „acrid exchange" mit Mills führt.[131] In „Dissent" erscheinen im Frühjahr

---

130 Dieser Abschnitt wird deshalb auch in einen neuen Sammelband mit einer Auswahl von Schriften von Mills (2008) aufgenommen.
131 Von Anfang an ist Howe (Howe-Coser, 15. Dezember [1958, 1959], LCP) dabei eher widerwillig bei der Sache, wie er Coser schreibt: „I find I have to force myself to read the Mills. It is that pamphlets no longer interest me – not that they ever did very much, they were supposed to be good for someone else? Still, Fabian pamphlets are sometimes instructive. It's the tone that is so godawful: the curious mixture of power-concentration & moral righteousness. One or the other; but both together!" Er will deshalb eigentlich die Kritik auch nicht verfassen: „I find myself hating to do the Mills book, not because I hesitate to attack him but because it's such an unpleasant book: so ma-

8.1 „The Causes of World War Three"

1959 zwei Rezensionen des Buches, eine positive von Abraham J. Muste (1959) und eine negative von ihm selbst, in dem er das Werk als kein Gutes bezeichnet, u.a. da es zu wenig komplex ist (Howe 1959, S. 191). Er wirft Mills zudem eine „analytical carelessness and moral disequilibirum" vor: „Many of his specific proposals are fine, many of his specific observations are valid; but the mode or style of thought to which he has recently turned seems to me unacceptable for the democratic left." (Howe 1959, S. 191) Einzelne Kritikpunkte von ihm sind, dass Mills nur eine Beschreibung der Entwicklung liefert, aber keine Antwort auf die implizite Frage des Buchtitels nach deren „Gründen".[132] Mills verwendet zwar die Idee der „Massengesellschaft", für Howe (1959, S. 193) kann er damit aber gerade nicht den Krieg erklären, weil die USA und die Sowjetunion bei einer ähnlichen Tendenz Partner werden könnten. Besonders beunruhigend findet er die Position von Mills in Bezug auf die Ko-Existenz zwischen beiden Staaten, die für ihn der Idee einer moralischen Ko-Existenz nahekommt (Howe 1959, S. 194f.). Howe (1959, S. 196) lehnt auch einzelne der politischen Vorschläge, z.B. den Abbau aller militärischen Basen außerhalb der USA, ab, da Mills nicht hinreichend deren mögliche Konsequenzen etwa für Berlin berücksichtigt. Deshalb ist für ihn der wichtigste Punkt, dass das Buch „a high-handed carelessness as to the possible consequences of their adoption" zeigt (Howe 1959, S. 196).

Mills (1959a, S. 296) antwortet darauf in einem scharfen Brief, der in der Sommer-Ausgabe 1959 von „Dissent" erscheint und in dem er die Unterschiede zwischen ihm und Howe vor allem in zwei Punkten sieht, wobei er Aspekte aus dem Gespräch mit Howe nach seiner Rückkehr in die USA Ende 1957 aufgreift: „You do not take as seriously as I do the new beginnings in the Soviet Bloc since the death of Stalin."[133] Für ihn ist bei Howe dagegen immer noch die Kalte-Krieg-Stimmung zu entdecken: „You write like the cold warriors." (Mills 1959a, S. 297) Er schlägt ihm deshalb vor, sich mit Neuigkeiten zu versorgen und endet den Brief mit den beleidigenden Worten: „Why do you not really take stock of where you stand, and try to make a new beginning? Until you do, I'll stick to the assessments and proposals I've outlined in my essay and continue to elaborate them with the help

---

nipulative." (Howe-Coser, undatiert [1958, 1959], LCP) Als er die Besprechung dann dennoch fertig stellt, schickt er sie Coser mit dem prophetischen Hinweis: „Please read it with special care, since like it or not, you're involved too, at least in Mill's eye." (Howe-Coser, undatiert [1958, 1959], LCP)

132 In einem Brief vor der Veröffentlichung des Buches nennt Mills (2000a, S. 265) es selbst noch bescheidener „Reflections on War".

133 Mills (1959a, S. 296) zitiert aber auch eine Stelle aus seinem Werk, bei der es heißt, dass „I wish neither to excuse the brutal facts of Soviet cultural tyranny".

of those who have not yet joined The Old Futulitarians of the dead American left." (Mills 1959a, S. 298)

Howe stimmt ihm in seiner Replik darauf zu, dass die unterschiedliche Beurteilung der kommunistischen Diktatur für ihre Differenzen wichtig ist. Er beobachtet zwar gleichfalls Veränderungen in den Staaten des Ostblocks, sie bleiben für ihn aber monolithische Ein-Parteien-Diktaturen, die den Menschen elementare Rechte vorenthalten: „This is the heart of the matter, and he cannot evade it by airy references to ‚tired slogans' or to his dislike of ‚black and white' formulas." (Howe 1959, S. 298) Zu der Stelle, bei der sich Mills selbst zitiert, dass er nicht die Verbrechen des sowjetischen Regimes entschuldigen will, meint er: „I recognize the man I have known through many years of intellectual and personal association: the man, if I may say so, who learned something, though perhaps not enough, from ‚the Old Futilitarians of the dead American left'" (Howe 1959, S. 298f.). Nun ist für ihn jedoch ein „neuer" Mills zu erkennen, der systematisch die Unterschiede zwischen totalitären und demokratischen Staaten minimiert. Für Howe (1959, S. 299) bleibt das Regime aber trotz einiger neuer Entwicklungen unverändert abzulehnen. Howe (1959, S. 301) stört sich darüber hinaus an dessen herablassender Art. Nach diesem Austausch sehen sie sich bis zu Mills' Tod 1962 nicht wieder (Howe 1982).

8.2 „Listen, Yankee"

In Mills' (1960c) späterem, ebenfalls gut verkauften Buch „Listen, Yankee", in dem er versucht die Position der Kubaner zur Kubanischen Revolution 1959 darzustellen, wird die Abgrenzung von seinen früheren Freunden ebenfalls bereits in dem Abschnitt deutlich, der eigentlich die Position der Kubaner beschreiben soll. Dort schreibt er, dass die kubanische Revolution von „young intellectuals" durchgeführt wird, die gegenüber der „old left intelligentsia – the older men who had gone through Communism and been disillusioned with Stalinism", Vorteile haben: „We've not gone through all that terrible destructive process; we have not been wounded by it; and so we are free." (Mills 1960, S. 43)[134]

---

134 An einer anderen Stelle heißt es ebenfalls, dass die amerikanischen Studierenden zu viel von amerikanischen Intellektuellen gelesen haben. Diese Beiträge sind aber häufig von „Ex-Radikalen" verfasst worden, die er so beschreibt: „they have been hurt personally by their own past attempts to be political men in your country. And now they are living inside these old hurts, and they are blinded by them." (Mills 1960c, S. 149) Auch in Bezug auf die (kritischen) Reaktionen auf dieses Buch ist Mills (2000a, S. 328) besonders enttäucht von seinen ehemaligen Freunden u.a. von „Dissent". Zu berücksichtigen ist aber, dass er nach seiner Herzattacke 1960 „ultrasensitive to everything"

In dem Schlussabschnitt, den er erst später einfügt,[135] kommentiert Mills (1960c, S. 169) auch die von ihm dargestellten Argumente der Kubaner kurz und bezeichnet sie als „on the whole compelling". Im lateinamerikanischen Kontext stellt für ihn die kubanische Revolution u.a. aufgrund ihres ökonomischen Erfolgs ein neues Phänomen und eine Alternative zu der Situation in anderen Ländern dar (Mills 1960c, S. 177). Er beschreibt seine Haltung deshalb emphatisch so: „*And that is why I am for the Cuban revolution. I do not worry about it, I worry for it and with it.*" (Mills 1960c, S. 179)

Mills schränkt zwar ein, dass er die Gefahr sieht, dass sich Kuba zu einer Diktatur entwickelt. Er hält dies nicht aber für zwangsläufig und wenn doch, zum großen Teil bedingt durch die Haltung der Regierung der USA, die die Kubaner dazu bringt, Minderheitsmeinungen als „konterrevolutionär" zu identifizieren (Mills 1960c, S. 180). Zudem teilt er die Sorge über die absolute Macht eines einzigen Mannes, er schätzt dies jedoch nur als vorübergehende Phase ein und glaubt, dass Castro selbst seine Rolle verändern will. Zu möglichen Wahlen äußert sich Mills (1960c, S. 183) allerdings skeptisch, da diese von der Mehrheit der Bevölkerung abgelehnt würden: „a real election in Cuba today is an imposible and meaningless idea. It could only be made meaningful by deliberately giving institutional form to the counterrevolution, and that today would not be acceptable to the immense majority of the people of Cuba."

8.3 „Letter to the New Left"

Die Distanzierung von alten Weggefährten wird gleichfalls in seinen wirkungsstarken Arbeiten zur „New Left" augenfällig. In seinem ersten Vortrag dazu, „Decline of the Left", nennt er z.B. als einen Grund dafür, wieso es in der Gegenwart keine linke Bewegung mehr gibt, die Enttäuschung über die Entwicklung in der Sowjetunion, wodurch die Ex-Kommunisten zu „Old Futilitarians" geworden sind (Mills 1963g, S. 223). Die persönliche Note wird dabei darin deutlich, dass er

---

ist, auch in Hinsicht auf die Kritik seiner Ex-Freunde (Landau 1965, S. 48). Glazer sagt im Rückblick zu seinem Verhältnis zu Mills jedoch selbst, dass sie zunächst gemeinsame Positionen haben, dies sich aber u.a. in Hinblick auf die Einschätzung der Revolution in Kuba ändert. Er meint aber, dass man berücksichtigen muss, dass Mills jung gestorben ist (Glazer, Interview mit Autor, 30. August 2007).

135 Auf die Kritik von Frank Freidel an dem ursprünglichen Manuskript, dass es besser gewesen wäre, mit der Stimme von Mills (2000a, S. 319) selbst zu reden und die Exzesse in Kuba zu erwähnen, antwortet er, dass in der neuen Fassung ein längerer Essay mit seiner eigenen Einschätzung enthalten ist.

selbst von seinen „Ex-Freunden" spricht: „At least I find it difficult to tell the difference between the anti-Communism of some of my ex-friends and the anti-Semitism of those who have always been my enemies." (Mills 1963g, S. 223) Im Unterschied zu früheren Arbeiten wie „The New Men of Power" glaubt er jedoch selbst nicht mehr, dass vorrangig die Arbeiterklasse die US-Gesellschaft verändern kann (Mills 1948b, 1963g, S. 232).

Diese Einschätzung führt er in dem für die Entstehung der „New Left" in den USA einflussreichen Aufsatz „Letter to The New Left" weiter aus, mit dem er den Begriff „New Left" in die Vereinigten Staaten von Amerika einführt (Mills 1963i; Brick 2006, S. 201f.).[136] Dieser erscheint zuerst 1960 in der englischen Zeitschrift „New Left Review" und wird 1961 von der amerikanischen Zeitschrift „Studies on the Left" nachgedruckt.

Erhebliche Wirkung auf die „New Left" übt er dabei durch seine Auffassung aus, welche Gruppen Geschichte machen können. In seinen Augen ist die Arbeiterklasse dafür nicht mehr geeignet und er bezeichnet diese Auffassung daher als „labor metaphysic" (Mills 1963i, S. 256). Am ehesten kommt dagegen für ihn die „young intelligentsia" in Betracht (Mills 1963i, S. 257). Für die Position der nachrückenden Generation wird zudem die scharfe Kritik von Mills an der „End of Ideology"-These wichtig (Shils 1955, Bell 2000), mit der er, wie es Job L. Dittberner (1979, S. 263) formuliert, Linien der Kritik etabliert, „that reverberated through the decade". Mills (1963i, S. 259) schließt den Artikel daher mit dem Aufruf: „The Age of Complacency is ending. Let old women complain wisely about 'the End of Ideology'. We are beginning to move again."[137]

---

136 Der Aufsatz ist in dem von Horowitz herausgegebenen Sammelband mit Schriften von Mills unter dem veränderten Titel „The New Left" enthalten, er wird hier aber mit dem Originaltitel zitiert.

137 Für den amerikanischen Abdruck des Artikels kürzt er diesen letzten Absatz aber. Mills (2000a, S. 307) schreibt dazu in einem Brief selbst: „I rather think the ending is the nuts, but it could be …just corn." Als einzigen Vertreter der „End of Ideology"-Theorie nennt er Bell (2000) namentlich (Mills 1963i, S. 250), wobei er sich auf dessen 1960 erschienenen Essayband mit dem Titel „The End of Ideology" bezieht. Der Hintergrund für die starke Kritik ist der genannte Konflikt mit Bell an der „Columbia"-Universität und Bells (1958b) scharfe Äußerungen zu Mills' Buch „The Power Elite". Zu einer gänzlich anderen politischen Verortung der „End of Ideology"-Theorie als Mills kommt aber Howards Brick (2006, S. 154): „Their residual anti-capitalism and tacit vision of postcapitalist society meant that they stood to the left of the political mainstream's center – while the center, given widely held regulatory and social-welfare principles, had itself shifted to the left of where it lay at the outset of the twentieth century."

8.3 „Letter to the New Left"

Mills' Artikel hat daher eine starke Wirkung: ein wichtiger Effekt ist nach Dittberner (1979, S. 267), dass er die Kritisierten auf dem politischen Spektrum verschiebt: „It was as if in defining the New Left and its tasks, he had shifted the entire political spectrum, and Bell and Lipset now appeared further to the Right, defending the status quo." Die „End of Ideology"-These wird dadurch in den 1960er-Jahren auf Grund ihrer scheinbaren Einfachheit zu einer „scapegoat phrase": „intellectual, social and political problems were made to hang on it that its authors never intended but were thought to express" (Dittberner 1979, S. 260; vgl. Brick 2006, S. 34). Bell (1991b) antwortet auf diesen persönlich harten Angriff auch mit einem ebenfalls scharfen Artikel „Vulgar Sociology", der Dezember 1960 in „Encounter" erscheint (vgl. auch Bell 1979, S. 330).[138]

Zum Ende seines Lebens fühlt sich Mills daher zwar in England wohler, möglicherweise aber „because he had burned so many bridges" (Aronowitz 2012, S. 148). Als er im späten September 1959 um Ratschläge für sein Buch über den Marxismus und zu „Images of Man" bittet (Mills 1962b, 1960a), schreibt er deshalb an Miliband zu der Begründung: „Again forgive me imposing these questions on you, but the truth is I need advice and discussion and there is no one around here to talk with anymore." (Mills 2000a, S. 273)

---

[138] In diesem Aufsatz charakterisiert Bell (1991b, 1958b) den Brief von Mills als verwirrend und kritisiert – ähnlich wie in seiner früheren Besprechung von „The Power Elite" – die von ihm benutzten Begriffe wie z.B. „Struktur" oder „struktureller Wandel". Erneut gehen aber sowohl Mills als auch Bell über die weiterhin bestehenden Parallelen zwischen den Auffassungen hinweg. So vertritt Mills in der Diagnose selbst eine ähnliche These wie Bell, auch wenn er die Entwicklung kritischer als dieser sieht. In einem Aufsatz aus dem Jahre 1954 über die Arbeiterführer stellt Mills (1963d, S. 105) etwa fest, dass die Gewerkschaften zum großen Teil keine „Ideologie" mehr besitzen und pragmatisch geworden sind, was für ihn zudem ein allgemeiner Trend ist. Auch in dem Aufsatz „The Structure of Power in American Society" aus dem Jahre 1958 behauptet er, dass die Mächtigen keine Ideologien mehr brauchen, da die Menschen sich nicht mehr für Politik interessieren, und kommt deshalb zu dem Ergebnis: „So far as the role of ideologies is concerned, their frequent absences and the prevalence of mass indifference are surely two of the major political facts about the western societies today." (Mills 1963a, S. 24) Bell (1991b) wiederum äußert sich in dem Artikel „Vulgar Sociology" nicht zu dem inzwischen von Mills (1959b) erschienenen Buch „The Sociological Imagination", dessen Vorschläge beispielsweise der Orientierung der Soziologie an der Literatur oder der stärkeren öffentlichen Wirkung der Soziologie, wie gesehen, seinen eigenen Überlegungen entgegenkommt, sondern konzentriert sich allein auf Mills' (1956) Buch „The Power Elite".

Mills' Fragmente 9

Zur Zeit seines plötzlichen Todes Anfang 1962 ist Mills noch mit verschiedenen Projekten, u.a. den Nachfolgebänden zu „The Marxists" über die „The Anarchists" und „The Trotskyists" beschäftigt (Horowitz 1962, S. 107). In einem Brief an Ralph Miliband vom 22. Juni 1960 nennt er zudem selbst als seine Arbeiten zu dieser Zeit sein Buch über den Marxismus, „Cultural Apparatus", „Contacting the Enemy" und „The Comparative Study" (Mills 2000a, S. 291, 1962b), von denen er nur noch, wie gesehen, „The Marxists" abschließen kann.

Der unvollendet gebliebene Komplex „Contacting the Enemy" umfasst dagegen u.a seine (autobiographischen) Briefe an den imaginären russischen Freund Tovarich, die er in einem Brief an Ralph Miliband auch seine „Russians Letter" nennt und die posthum in den „Letters and Autobiographical Writings" abgedruckt sind (Mills 2000a, S. 243, 2000a). Andere Teile des Manuskripts behandeln seine Eindrücke während seiner zwei Besuche in der Sowjetunion, wovon nun Abschnitte in der neueren Sammlung von Mills Schriften vorliegen (Mills 2000a, S. 291, 2008c; Mills und Mills 2000, S. XIII; Horowitz 1983, S. 330). Die aufgeführte „komparative Studie" sollte 124 Länder umfassen und nach eigener Aussage sein „major work for my next period of work" bzw. sein „magnum opus" werden (Mills, zit. n. Geary 2009, S. 187; Mills 2000a, S. 291). Von ihr werden jedoch ebenfalls erst nach seinem Tod kurze Fragmente wie „The Problem of Industrial Development" publiziert (Mills 1963e).

Von dem Projekt „Cultural Apparatus", dessen ursprünglicher Titel „The American Intellectual" lautet (Mills 2000a, S. 192), ist aber noch zu Lebzeiten am 26. März 1959 ein längerer Ausschnitt in der Zeitschrift „The Listener" veröffentlicht worden, der auf seiner Vorlesung gleichen Titels basiert. Dieser „Kulturapparat" besitzt für Mills eine hohe Bedeutung, da die Menschen in „second-hand worlds" leben, d.h. die meisten ihrer Erfahrungen indirekt sind und sie deshalb die Interpretationen von dem „Kulturapparat" übernehmen müssen, die von diesem gestellt werden. Er bezeichnet ihn deshalb als die „lens of mankind through which men see" (Mills 1963q, S. 406). Unter „Kulturapparat" versteht er genauer die „organisations and *milieux* in which artistic, intellectual and scientific work goes on, and of the means by which such work is made available to circles, publics, and masses" (Mills 1963q, S. 406). Z.B. wird dort Wissen produziert und verteilt.

Dessen politische Bedeutung nimmt zudem immer mehr zu, weshalb Mills (1963q, S. 407) auch die „politics of culture" behandelt. Diese hängt für ihn aber nicht von der Intention der Beteiligten ab, weil z.b. wissenschaftliche Ergebnisse ohne deren Absicht militärisch verwendet werden können. Der kulturelle Apparat als Ganzes tendiert daher dazu, von den herrschenden Kräften benutzt und durch die stillschweigende Zusammenarbeit Teil des „Establishments" zu werden (Mills 1963q, S. 407, 409). Für die Mächtigen verwandelt sich so durch das kulturelle Prestige ihre Macht in Autorität, für die Kulturschaffenden wiederum erhöht sich ihre eigene Bedeutung. Etabliert werden dadurch aber „definitions of reality, judgements of value, canons of taste and of beauty" (Mills 1963q, S. 410).

In diesem Kontext geht Mills erneut auf die Bedeutung des Publikums bzw. der Öffentlichkeit ein, da die kulturellen Aktivitäten neben der finanziellen Unterstützung ein Publikum benötigen. Dieses kann aus einem kleinen Kreis von Produzenten oder aus hundert Millionen von Konsumenten bestehen, was für die Ausrichtung der kulturellen Erzeugnisse von Bedeutung ist: „The size of the cultural public – as well as the prestige, class, and power of its members – are major clues to cultural orientation." (Mills 1963q, S. 411)

Nach diesen Überlegungen geht Mills den national unterschiedlichen historischen Erscheinungsformen dieses „Kulturapparates" nach, wobei er grob drei Phasen unterscheidet: zunächst basiert er in Europa auf einem Patronage-System, d.h. er wird von Mäzenen finanziert, die zugleich sein Publikum sind. In der zweiten Phase werden durch das Entstehen der bürgerlichen Öffentlichkeit die kulturellen Arbeiter zu Unternehmern, weil sie ihre Waren an ein anonymes Publikum verkaufen, weshalb die Kultur dadurch von der Öffentlichkeit abhängig wird (Mills 1963q, S. 412). In der Gegenwart beginnt für Mills eine neue, dritte Stufe, in der sich der Kulturapparat politisch und kommerziell „etabliert", d.h. in der sowohl das Geld als auch die Öffentlichkeit von der Wirtschaft und der Politik gestellt werden, wodurch sich u.a. das Publikum für Kultur vergrößert. Die Definitionen von Realität, von Werten und Geschmack werden dadurch jedoch „subject to offical management" (Mills 1963q, S. 412).

Diese drei Phasen bestehen für ihn im Moment nebeneinander und variieren zudem international (Mills 1963q, S. 413). Er untersucht die historische Entwicklung daher nacheinander gesondert in den unterentwickelten Staaten, in den westeuropäischen Ländern wie Frankreich, Deutschland und England, in der Sowjetunion und in den USA. In den Vereinigten Staaten von Amerika etwa ist eine Besonderheit, dass die Konstituierung des „Kulturapparates" mit dem Kapitalismus und dem Militärapparat verbunden ist (Mills 1963q, S. 417). Abschließend nennt Mills (1963q, S. 421) die knappen historischen bzw. komparativen Beschreibungen aber selbst nur „charcoal sketches", er kann sie aufgrund seines frühen Todes jedoch nicht mehr weiter ausführen.[139]

---

139 Zu dem im Mills-Archiv befindlichen Manuskripten zu den hier genannten Fragmenten vgl. aber Horowitz 1983; Geary 2009.

Zur Wirkung und Aktualität von Mills 10

10.1 Zur Wirkung von Mills

In Deutschland ist bereits zu Lebzeiten eine Wirkung der Arbeiten von Mills zu beobachten. Wie gesehen, hat er schon an der „Columbia"-Universität in New York Kontakt zu Mitgliedern der Kritischen Theorie und wird von ihnen, z.B. von Fromms (1941) Beschreibung des Sozialcharakters, von Neumanns (1942) Elitentheorie oder von Löwenthals (1944) Überlegungen zur Massenkultur, geprägt.[140] Mills äußert sich aber auch kritisch zu ihnen und hat daher ein ambivalentes Verhältnis zu der Gruppe. In einem Brief an Gerth, wahrscheinlich aus dem frühen Februar 1952, geht er auf ein Angebot der Frankfurter Schule an Gerth für einen Gast-Aufenthalt an dem Institut ein und meint dazu skeptisch: „This Frankfurt bunch are not going to let me (and I doubt you) into their inner circle: i.e. give us enough money to do what we have to do: shuttle between here and there and write what we want about both places. Our best bet is to hook-up with publishers." (Mills 2000a, S. 168) Er hat jedoch nach deren Rückkehr nach Deutschland selbst weiterhin Kontakt zu ihnen und schreibt z.B. in einem Brief an Horkheimer vom 15. Dezember 1952 von seinem eigenen Wunsch, nach Europa zu kommen: „I have

---

[140] Andererseits ist Herbert Marcuse (1988, S. 19) auch ein „great admirer" von Mills (Aronowitz 2012, S. 237) und schreibt in seinem Vorwort zu seinem Werk „Der Eindimensionale Mensch": „Ich möchte auch die hohe Bedeutung des Werks von C. Wright Mills und von Studien hervorheben, die häufig wegen Vereinfachung, Übertreibung oder journalistischer Unbekümmertheit scheel angesehen werden […]".

© Springer Fachmedien Wiesbaden GmbH, ein Teil von Springer Nature 2019
O. Neun, *Zur Aktualität von C. Wright Mills*, Aktuelle und klassische Sozial- und Kulturwissenschaftler|innen, https://doi.org/10.1007/978-3-658-22376-2_11

all my life lived in a country that is only some six or seven generations old, and the longer I work here and the older I get, the more provincial and limited I feel. I want to live in Europe for a while, to put it positively, in order to establish points of comparison." (Mills 2000a, S. 197)

Die Kritische Theorie nimmt ihn zudem nach ihrer Re-Emigration nach Deutschland ebenfalls wahr, insbesondere seinen Aufsatz „Two Styles of Social Science Research" mit seiner lobenden Erwähnung der „Zeitschrift für Sozialforschung" (Mills 1963v; Horkheimer 1996, S. 274). Nach dessen Erscheinen laden Löwenthal und Theodor W. Adorno ihn zu der Festschrift für Horkheimer ein (Mills 2008, S. 79), auch wenn sein Beitrag schließlich nicht gedruckt wird.[141]

In dieser Zeit werden aber mehrere Bücher von Mills (1955) ins Deutsche übersetzt, zuerst „White Collar" als „Menschen im Büro" mit einer Einleitung von Heinz Maus,[142] das z.B. auch in der Zeitschrift „Soziale Welt" positiv rezensiert wird (Geck 1956; Jüres 1959). Als nächste Werke erscheinen 1959 „The Causes of World War Three" als „Die Konsequenz", das u.a. in der „Welt" besprochen wird, und 1962 „The Power Elite" als „Die amerikanische Elite" (Geary 2009, S. 203; Mills 1959c, 1962a). Im Vorwort zu letzterem Band wird bereits auf die Bekanntheit von Mills in Deutschland in dieser Zeit hingewiesen (Der Verlag 1962, S. 7).[143] Kurz danach wird „The Sociological Imagination" als „Kritik der soziologischen Denkweise" herausgegeben (Mills 1963z), wobei sich das Selbstverständnis der Herausgeber der Reihe „Soziologische Texte", in dem das Buch publiziert wird, mit der Intention von Mills deckt (Römer 2015, S. 248).

Dieses deutsche Interesse wird durch Mills' frühen Tod 1962 noch befördert. Wie Dahrendorf (1962, S. 604) in seinem Nachruf in der „Kölner Zeitschrift für Soziologie und Sozialpsychologie" beklagt, verliert die Soziologie dadurch einen ihrer anregendsten Köpfe. In einer Kritik der kurz danach posthum von Horowitz

---

141 Zur Begründung dazu heißt es im Vorwort, dass das Manuskript von Mills „leider nicht mehr aufgenommen werden [konnte], wenn der Termin des Erscheinens sich nicht ungebührlich über den Festtag hinaus hätte verzögern sollen" (Adorno und Dirks 1955, S. 9).

142 Mills (2000a, S. 169) zeigt selbst Interesse an einer solchen deutschen Übertragung des Werkes und fragt Gerth in einem Brief aus dem frühen Februar 1952, ob er einen geeigneten Verlag dafür kennt. Gerth (1994) soll auch zunächst das Vorwort dazu verfassen (Oakes und Vidich 1999, S. 178), es wird aber schließlich nicht in das Buch aufgenommen, sondern erscheint erst 1994.

143 „Sein Buch über die Welt der Angestellten (,Menschen im Büro') und der aktuelle Traktat über die Ursachen des dritten Weltkrieges (,Die Konsequenz, Politik ohne Verantwortung') sind sehr beachtet worden und haben ihm auch bei uns einen großen Leserkreis verschafft. Um so notwendiger ist es, das deutsche Publikum nun auch mit seiner bisher wichtigsten Arbeit bekanntzumachen." (Der Verlag 1962, S. 7)

herausgegebenen Essays von Mills erwähnt Hans-Günther Krüsselberg (1964, S. 571) zudem bereits den Begriff „public sociology", den Horowitz (1963, S. 19) in der Einleitung für Mills' Schaffen benutzt. 1966 und 1970 werden auch Mills' Reader „Images of Man" als „Klassik der Soziologie" und als letztes Werk Gerths und Mills' (1966a, 1970) „Character and Social Structure" als „Person und Gesellschaft" auf Deutsch gedruckt,[144] 1973 erscheint zudem eine Sonderausgabe von „Kritik der soziologischen Denkweise" (Mills 1973).[145]

Der besondere Reiz von Mills insbesondere für die nachrückende Generation lag für Urs Jaeggi (1976, S. 11f.) u.a. in seiner Praxisorientierung und seiner historischen Soziologie: „Sein Plädoyer für eine engagierte Soziologie war für uns wichtig. Sein Insistieren darauf, daß nur eine historisch bewußte Sozialwissenschaft Grundzusammenhänge aufzudecken vermöge, sowie sein an der soziologischen Phantasie orientiertes Denken brachte uns in die Nähe des historischen Materialismus: ein aktualisierter Marx! Eine Möglichkeit, den politisch praktizierten Sozialismus mit der Theorie zusammenzubringen! Daß es unseren Lehrern gelungen war, unsere politische Einstellung und Praxis von unserer wissenschaftlichen Praxis (oder, schlichter, unserem Studium) zu trennen, wurde in den sechziger Jahren, in der Reaktion der damaligen Studentengeneration, überdeutlich."

Mills (1959b) hat daher mit seinem Werk „The Sociological Imagination" zudem Einfluss auf die deutschen soziologischen Selbstreflexionen dieser Zeit (Klima 1969, S. 89; Danckwerts 1969, S. 43), große Wirkung erzielt darüber hinaus Oskar Negt (1968, S. 5) mit seinem daran anknüpfenden Buch „Soziologische

---

144 1964 erscheint zudem in einem Sammelband eine deutsche Übersetzung seines Aufsatzes „Methodological Consequences of the Sociology of Knowledge" (Mills 1964b.) Mills (2000a, S. 325) berichtet Ralph Miliband in einem Brief vom 25. Januar 1961 auch von einer deutschen Ausgabe seines Werkes „Listen, Yankee", die aber nicht erschienen ist.

145 Auf dem Umschlag der Sonderausgabe ist auch ein Text abgedruckt, der einen ersten Eindruck der Art der deutschen Rezeption von Mills (1973) erlaubt: „Der Mann, der auf einem schweren Motorrad durch sein geliebtes, verachtetes und gehaßtes Amerika raste, seine Kollegen schockierte, von der Jugend geliebt wurde, sich in Europa durchsetzte, in der Sowjetunion nicht von seiner Krankheit geheilt werden konnte und – was immer die organischen Befunde gewesen sind – an Einsamkeit und Wirkungslosigkeit starb: Charles Wright Mills, ein großer Liberaler, ein mutiger Politiker, der seine Wissenschaft einsetzte, den Gastarbeitern zu helfen, die Macht der herrschenden und zirkulierenden Elite anzugreifen, die Stehkragenmentalität zu sezieren, die Ursachen des dritten Weltkrieges an der Kuba-Krise abzuleiten, er hat ein strahlendes Buch über die soziologische Phantasie geschrieben, ein Lehr- und Regelbuch gegen die Verkarstung in Schulen und Methoden." Bei den Angaben zur Person wird er zudem als „Ausgangsgestalt für den Aufbruch der soziologischen Generation" bezeichnet (Mills 1973).

Phantasie und exemplarisches Lernen" (Bremes 1978, S. 32). Auch in den deutschen Überblicken über die Geschichte der amerikanischen Soziologie wird Mills genannt (Jonas 1968, S. 175; Klages 1969; Hartmann 1973) und z.b. im Umfeld von Helmut Schelsky wahrgenommen (Krysmanski 1963, 1969).

Bei Jürgen Habermas (1990, S. 358) liegt ebenfalls eine Rezeption vor (Koller 2004), da er sich in „Strukturwandel der Öffentlichkeit" bei seiner Definition der „öffentlichen Meinung bzw. der „Öffentlichkeit" auf dessen Werk „The Power Elite" stützt (Mills 1956). Die erste theoretische Auseinandersetzung mit Mills' Werk erfolgt gleichfalls in Frankfurt in Form der Diplomarbeit von Michael Vester (1964) mit dem Titel „Die politische Soziologie von C. Wright Mills" (Hess 1995, S. 3). Generell wird Mills in der deutschen politischen Soziologie dieser Zeit, z.B. von Wolfgang Abendroth (1967, S. 72) oder von Dahrendorf (1969, 1972; Lutz 1979, S. 267) behandelt (Lepsius 1979, S. 40), von Letzterem etwa bei der Debatte um das Verhältnis von Theorie und Praxis und im Kontext seiner Öffentlichkeitstheorie.[146] Darüber hinaus findet eine Verarbeitung von Mills in der Elitentheorie statt (Jaeggi 1960; Dreitzel 1962; Zapf 1965). Diese deutsche Interpretation von Mills bricht jedoch, wie in der Einleitung erwähnt, in den 1970er Jahren u.a. aufgrund der (politischen) Vorurteile gegenüber der amerikanischen Soziologie ab, da seit der Studentenbewegung in den 1960er Jahren eine „Amerikanisierung" der deutschen Disziplin beklagt und der Fokus daher auf kritische Ansätze der französischen Soziologie gerichtet wird (Hartmann 1998, S. 369, 2007).

Aber auch diese ist von Mills beeinflusst. Mills trifft z.B. während seiner Europareise im Juli 1961 in Frankreich Jean-Paul Sartre sowie Simone Beauvoir und Beauvoir (1966, S. 559) schreibt dazu in ihren Erinnerungen: „Sein Buch *White Collar* hatte einen Weg zum Studium der heutigen amerikanischen Gesellschaft gewiesen." Bereits nach dem Erscheinen der amerikanischen Originalausgabe von „The Sociological Imagination" wird zudem eine lobende französische Rezension veröffentlicht und das Buch 1967 ins Französische übersetzt (Dumazedier 1960; Mills 1967). Schon vorher erscheinen 1960 „The Causes for World War Three", 1966 „White Collar" und 1969 „The Power Elite", von dem bereits 1957 Ausschnitte in der Zeitschrift „Les Temps Modernes" publiziert worden waren, auf Französisch (Mills 1960e, 1966c, 1969, 1957c).[147] Bei einer Auflistung von Autoren, die in den 1960er Jahren in der Fachzeitschrift „Revue francaise de sociologie" zitiert

---

146 Dahrendorf (1998, S. 297) meint auch zu seiner Zeit an der LSE von 1952 bis 1954: „C. Wright *Mills* wurde einer unserer Helden."

147 Mills' Bücher „The Sociological Imagination" und „Images of Man" werden ebenfalls in Frankreich als Polemiken gegen Lazarsfeld wahrgenommen (Gemperle 2011, S. 128).

werden, nimmt Mills daher nach Emilé Durkheim und Karl Marx – aber noch vor Weber, Parsons und Lazarsfeld – den dritten Platz ein (Gemperle 2011, S. 244). Bourdieu nimmt in sein Werk „Le métier de sociologue" ebenfalls zwei Ausschnitte aus „The Sociological Imagination" auf (Bourdieu et al. 1968, S. 318–320, 361–362; Mills 1959b). Er ist daher gleichfalls stärker durch die amerikanische Soziologie, insbesondere von Mills beeinflusst, als seine explizite Abgrenzung erwarten lässt (Neun 2016b).[148] Bourdieu (2004, S. 103) greift aber gerade auf die amerikanische Disziplin zurück, weil seine Kritik der „theoretizistischen" Ausrichtung nicht nur Parsons, sondern ebenso Vertretern der deutschen Kritischen Theorie wie Adorno und Habermas gilt (Bourdieu et al. 1991, S. 270).[149] Er will deshalb zwar ursprünglich theoretische Verbündete in Deutschland finden, der vorherrschende „Dualismus von großer Theorie und positivistische Empirie" – dies erinnert an die von Mills (1959b) vorgenommene Unterscheidung – verhindert dies für ihn aber (Bourdieu 2004, S. 103; Bourdieu et al. 1991, S. 281f.).

Am stärksten ist die Wirkung von Mills in den USA zu erkennen. Dort regt Mills (1956), wie gesehen, bereits zu Lebzeiten u.a. mit seinem Werk „The Power Elite" heftige Diskussionen an (Hess 1999, S. 180), eine Sammlung mit Beiträgen dazu wird auch 1968 veröffentlicht (Domhoff und Ballard 1968). Schon kurz nach seinem Tod 1962 erscheinen zudem erste theoretische Arbeiten zu seinem Werk. Eine der ersten stammt von Tom Hayden (2006, 2005, S. 3f.), wodurch Mills eine wichtige Quelle für das „Port Huron Statement" der „Students for a Democratic Society" (SDS) wird, das von Hayden verfasst wird. Mills stirbt zwar, bevor ihn ein Mitglied des SDS kennen lernen kann, dies macht ihn jedoch, wie Hayden (1988, S. 78, 2006, S. 56) meint, zu einem „martyr to the movement" und zu einem „mentor, perhaps the father figure, I needed at the time".[150] Insbesondere ist Hayden (1988, S. 79) durch Mills' (1956) Buch „The Power Elite" beeinflusst, das für ihn das Desinteresse und die Apathie der Menschen erklären kann. Zudem spricht Mills (1963i) für ihn in seinem „Letter to the New Left" direkt zum SDS, da er

---

148 In der deutschen Interpretation von Bourdieu, die auf Affinitäten zur Kritischen Theorie abzielt (Bauer et al. 2014), wird dies nicht hinreichend berücksichtigt, was u.a. auf die genannten (politischen) Vorurteile gegenüber der US-Soziologie zurückzuführen ist (Hartmann 1998, S. 369, 2007).

149 Im Umfeld der Frankfurter Schule wird von Axel Honneth auch gerade eine von Bourdieu abgelehnte „theoretizistische" Lektüre seiner Arbeiten betrieben (Egger 2014, S. 88). Als Hauptunterschied zwischen Bourdieu und der deutschen kritischen Theorie wird zudem nicht der differierende Bezug zur Empirie, sondern die unterschiedliche Bewertung der Populärkultur genannt (Bauer et al. 2014, S. 18f.).

150 Gitlin (2006) verwendet im Rückblick ebenfalls in Bezug auf Mills die „Martyrer"-Metapher.

nicht mehr die Arbeiterklasse, sondern die Jugend und die Intellektuellen als treibende Kraft der Veränderungen bezeichnet (Hayden 1988, S. 80).[151]

Dieser Einfluss von Mills auf die „New Left" hat aber auch problematische Folgen. Wrong (1963, S. 294) kritisiert bereits kurz nach Mills' Tod, dass sich die „New Left" besonders mit „charismatic left-authoritarian regimes" wie dem von Castro identifizieren, was sich für ihn in der Verachtung demokratischer Strukturen zeigt, die er ebenfalls in Mills' späteren Schriften ausmacht. Deshalb hält er es – trotz aller zutreffenden Beobachtungen von Mills – für beunruhigend, dass er „a political hero for so many of our youthful radicals" geworden ist (Wrong 1963, S. 297). Aronowitz (2012, S. 22) meint im Rückblick ebenfalls, dass Mills' Distanzierung von der Vergangenheit und der „russischen Frage" negative Folgen für die „New Left" zu dem Zeitpunkt hatte, als „various Marxist ideologies became matters of urgent debate, which overwhelmed many young leftists".[152]

10.2 Zur Aktualität von Mills

In der amerikanischen Soziologie wird Mills' Wirkung bereits reflektiert durch zwei Sammelbände zu seinem Werk, „Sociological on Trial" und „The New Sociology", die kurz nach seinem Tod erscheinen (Stein und Vidich 1963; Horowitz 1964a; Eldridge 1983, S. 113).[153] Ein Hinweis auf seine bleibende Aktualität ist schon darin zu sehen, dass Horowitz (1964b, S. 19, 1963, S. 19) in der Einleitung zu dem Band „The New Sociology", wie in der zu den gesammelten Schriften von Mills, den Begriff der „public sociology" für Mills' Schaffen benutzt.

---

151 Hayden übt in seiner Masterarbeit „Radical Nomad" aber auch Kritik an Mills' Auffassung, da er die militärische Elite als nicht so unabhängig wie Mills einschätzt. Für ihn besitzt sie nur eine „Autonomie" *innerhalb* der Ziele der politischen Ökonomie (Hayden 2005, S. 132).

152 Hayden (1988, S. 92) äußert sich in seiner Autobiographie auch selbstkritisch so: „If our elders could see us only through the distorting lens of the past, it was true as well that my infatuation with ‚the new' made it difficult to sift out what made sense in their paranoid critique."

153 Der Band von Horowitz wird bereits vor Mills' Tod konzipiert (Trevino 2012, S. 183). Seit 1964 wird zudem von der „Society of the Study of Social Problems" (SSSP) der C. Wright Mills Award verlieren (Trevino 2012, S. 187). Alvin Gouldner (1970) und dessen Buch „The Coming Crisis of Sociology" besitzen ebenfalls eine enge Affinität zu Mills (Eldridge 1983, S. 114). Zudem inspiriert Mills (1951, 1956) mit seinen Büchern „White Collar" und „The Power Elite" spätere Arbeiten wie Arlie Hochschilds „The Managed Heart" und Richard Sennetts „The Corrosion of Character" (Nilsen 2007, S. 181).

Michael Burawoy (2004, S. 103, 2007a, S. 31, 24) entwirft daher seinen Begriff der „public sociology" ausdrücklich in Anlehnung an Mills (1959b) und dessen Werk „The Sociological Imagination". In einem fiktiven Brief an Mills bekennt Burawoy (2008, S. 374) zudem zu seinem Verhältnis zu ihm: „My admiration for your work knows no bounds."[154] Der Einfluss von Mills' (1959) Buch „The Sociological Imagination" auf die neuere „public sociology"-Debatte ist ebenfalls in dem gleichlautenden Titel verschiedener anderer Aufsätze, Kapitel oder Bücher zu dem Thema zu erkennen (Levine 2004; Furedi 2009; Nyden et al. 2012, S. 4f.).

U.a. dadurch erlangt auch die Interpretation Webers durch Gerth und Mills (1958b) neue Relevanz, weil Burawoy Weber ebenfalls, wie andere amerikanische Autoren in der Debatte (Collins 2007, S. 112; Patterson 2007, S. 187f.; Piven 2007, S. 159; Wallerstein 2007, S. 170), als frühen „öffentlichen Soziologen" und daher als Vorbild interpretiert: „If our predecessors set out to change the world, we have too often ended up conserving it."[155] Er bezeichnet zudem Weber als von den Gründungsvätern des Faches für sein Projekt am wichtigsten[156] und das Buch von Gerth und Mills explizit als die maßgebliche Kompilation der Weberschen Schriften, die ein alternatives Bild zu der einflussreichen Weber-Rezeption von Parsons (1937, 1947, 1993) zeichnet (Burawoy 2008, S. 368, 2013, S. 741; vgl. auch Bensman 1982; Turner 2009, S. XIV).

In Deutschland ist diese alternative Lesart von Gerth und Mills aber fast gänzlich unbekannt, obwohl sie in frühen deutschen Arbeiten nach 1945 noch erwähnt wird (Baumgarten 1964). Reinhard Bendix und Guenther Roth (1959, S. 51) bezeichnen z.B. in ihrem Überblick zur amerikanischen Rezeption den Band von Gerth und Mills als „sehr wichtig" für die empirische Forschung. Der Fokus liegt dagegen auf der Beschreibung der Weber-Rezeption durch Parsons, die u.a. die Arbeiten von Wolfgang Schluchter, Habermas und von Friedrich H. Tenbruck beeinflusst hat (Zingerle 1981; Käsler 1978, 2003; Collins 1986, S. 162, 62; Hennis 2003, S. 77, 117; Gerhardt 2006; Kaube 2014). Weber gilt daher in Deutschland lange „als bloßer Vorläufer und Gewährsmann der herrschenden Soziologie, zu-

---

154 Zur Kritik an Mills vgl. jedoch Burawoy 2007b, 2008, S. 374, 2009, S. 289.
155 Auch von Gegnern des Burawoyschen Konzeptes wird auf dessen Nähe zu Weber hingewiesen (Turner 2007).
156 Im Unterschied zu Weber, bei dem Wissenschaft und Politik getrennte Sphären sind, betont Burawoy (2013, S. 746) jedoch deren Verbindung. Er verweist auf Weber aber auch, wenn er auf der Unterscheidung dieser Bereiche beharrt: „In writing of politics Max Weber endorsed the pursuit of the impossible in order to achieve the possible, but he always distinguished politics from science. Precisely because they feed each other, we should not confuse science and politics." (Burawoy 2011, S. 75)

mal des Strukturfunktionalismus", während gegenteilige Interpretationen kaum beachtet werden (Tenbruck 1989, S. 90).[157]

Entsprechend wird in der deutschen Debatte das Burawoysche Konzept der „public sociology" auch im Widerspruch zu den Ansichten Webers gesehen. Anna Henkel (2011, S. 172) entwickelt ihre Gegenposition z.b. explizit in Anlehnung an Webers „Trennung von gesellschaftlicher Praxis und soziologischer Analyse des Gesellschaftlichen". Für Fran Osrecki (2011, S. 28) stellt die amerikanische Diskussion ebenfalls eine „Kopie des Streits um Werturteilsfreiheit" dar, wobei er Weber theoretisch als Gegner von Burawoy verortet (vgl. Grewe 2012, S. 142).

Diese Betrachtung der unterschiedlichen Sichtweisen von Weber ist daher für die generelle Ausrichtung der zeitgenössischen Soziologie von Bedeutung ist, weil „der, dem es gelingt, seine Interpretation Webers durchzusetzen, auch den weiteren Weg der Sozialwissenschaft bestimmen könnte" (Hennis 2003, S. 89). Die Weber-Lesart von Parsons steht aber, wie David Zaret (1994, S. 342f., 341) anmerkt, „in einem engen Zusammenhang mit seiner wissenschaftlichen und wissenschaftspolitischen Strategie", wozu die Abgrenzung von Fachvertretern zählt, „die in der Soziologie in erster Linie ein praktisches Instrument der politisch-sozialen Veränderung sahen und weit geringeren Wert darauf legten, sie als eine rein wissenschaftliche Disziplin zu betrachten", d.h. eine Verbindung der Disziplin zur Praxis suchten (vgl. Erdelyi 1992, S. 122; Turner 1994, S. 317).

In der Interpretation von Gerth und Mills, die die Soziologie in Anlehnung an Weber als wichtiges „Bildungs- und Orientierungswissen" für die Gesellschaft verstehen (Mills 1959b; Meyer 1980, S. 198; Greffrath 1989, S. 90), wird dagegen die Forderung nach der „responsibility of the scholar to society" deutlich (Neumann 1953, S. 22).[158] Eine solche „public sociology" ist dann nicht, wie in der deutschen Debatte angenommen, im Widerspruch zu Webers Werk, sondern als dessen Fortsetzung und damit als deutsche Tradition zu verstehen.

Die Sichtweise von Gerth und Mills auf Weber hätte zudem gegen die weit verbreitete Vorstellung von Weber und „Kritischer Theorie" als entgegengesetzte Pole die Möglichkeit einer Verbindung zwischen ihnen aufzeigen können, da in ihrer Interpretation Motive der „Frankfurter Schule" auftauchen.[159] Diese Affini-

---

157 Hennis (2003, S. 127, 89) mahnt deshalb eine, in der amerikanischen Soziologie schon erfolgte „Entparsonisisierung", der „jüngere[n] deutsche[n] Weber-Orthodoxie" an.
158 Es ist daher diese Seite Webers, über die Franz Neumann (1953, S. 22) sagt: „It is here, in the United States, that Weber really came to life."
159 In einem RIAS-Radiovortrag von Gerth (1982) aus der Mitte der 1950er Jahre zur Rolle der Intellektuellen zeigen sich ebenfalls Parallelen zu Überlegungen der „Kritischen Theorie". Deren Funktion verändert sich für ihn z.B. durch die Urbanisierung, die In-

täten zeigen sich ebenfalls in den persönlichen Verbindungen Gerths zum „Institut für Sozialforschung".[160] Die Kritik von Marcuse und anderer Mitglieder der „Kritischen Theorie" richtet sich dagegen hauptsächlich gegen die Parsons-Interpretation von Weber (Radkau 2005, S. 839; Gerhardt 2006, S. 104). Weiter hätten sie mit der Auswahl ihrer Texte und ihrer Interpretation ein Gegengewicht zur Fokussierung der deutschen Debatte auf die methodologischen Schriften und die Religionssoziologie von Weber darstellen können (Neumann 1953), weil sie Aspekte behandeln, die hier weniger beachtet werden.[161] Dazu zählt die Nähe Webers zum amerikanischen Pragmatismus oder die „Kapitalismus"-Frage, dessen Ausblendung in der Literatur um die MWG Wilhelm Hennis (2003, S. 116) kritisiert.

Die Interpretation Mannheims (1940) durch Mills (1940, 1959b, 1966b), die ebenfalls durch den Kontakt mit dem Mannheim-Schüler Gerth beeinflusst ist, weicht gleichfalls von der in Deutschland dominierenden ab, da er ihn in eine kritische Tradition stellt und zudem nicht nur seine Wissenssoziologie, sondern auch seine Gesellschaftsdiagnosen behandelt. In Deutschland liegt der Fokus dagegen auf Mannheims Wissens- bzw. Kultursoziologie sowie der starken Kritik der Frankfurter Schule an Mannheim, obwohl nach 1945 auch zunächst noch eine andere Sichtweise präsent ist (Neun 2018).

Dieser nationale Unterschied in der Deutung ist gleichfalls bei Mills' Behandlung von Veblen zu erkennen. Seit einigen Jahren wird als Überbegriff für alternative Ansätze innerhalb der Wirtschaftswissenschaften, die durch die Finanzkrise wieder eine stärkere Aufmerksamkeit erfahren haben (Beckert und Deutschmann 2010; Bögenhold 2011; Krause 2011; Mikl-Horke 2011), die Bezeichnung „heterodoxe Ökonomie" verwendet, die erstmals als Abgrenzung in der Strömung der „American institutionalist tradition" bzw. der „old institutional economics" (OIE) verwendet wird (Lee 2009, S. 189f.), weshalb an dieser Tradition sowie an deren Begründer Veblen in den letzten Jahren ein verstärktes Interesse festzustellen ist (Reuter 1994, S. 33; Spindler 2002, S. 109; Krause 2011, S. 144f.). In den USA sind daher mehrere Neuauflagen seiner Bücher (Veblen 1990, 2002) sowie von

---

dustrialisierung und den Kapitalismus, wodurch eine „neue Kulturindustrie" entsteht (Gerth 1982, S. 186).

160 In den USA hilft Franz Neumann auch bei der Suche nach einem Verlag für „From Max Weber" (Mills-Macdonald, 20. Juni 1944, DMP). Die kritische Sicht der „Frankfurter Schule" auf Weber wirkt jedoch teilweise noch bis in die Gegenwart weiter, wie Tilman Allert (2010, S. 494f.) anmerkt: „Die Frankfurter haben Georg Simmel und Max Weber spät entdeckt bzw. immer noch nicht entdeckt."

161 Bei Gerth und Mills sind etwa anders als in dem von Winckelmann herausgegebenen einflussreichen Sammelband Webers (1956b, 1958a) Arbeiten zu den Themen „Klasse" und „Macht" sowie zu Weber als Politiker enthalten.

Riesmans (1995) Biographie von Veblen und von Mills' (2001) Einleitung zu „The Theory of the Leisure Class" erschienen. Veblen gilt dabei wie bei Mills (1960b) nicht nur als einflussreicher Ökonom, sondern ebenfalls als bedeutender Soziologe und Psychologe (Horowitz 2001, S. X).

In Deutschland wird dagegen Veblens (1986, 1964a) Werk weiterhin wenig rezipiert und es ist bisher nur ein Buch, „The Theory of the Leisure Class", aus dem Englischen übersetzt worden (Truninger 2010; Krause 2011), obwohl von vielen „Absentee Ownership and Business Enterprise in Recent Times" als seine wichtigste Arbeit angesehen wird (Mills 1953, S. XI). Auch in diesem Fall wird in der unmittelbaren Nachkriegszeit noch eine andere Interpretation vertreten und Veblen von Dahrendorf (1963, S. 15) etwa explizit zu den Begründern der „kritischen" bzw. „radikalen Strömung" in der amerikanischen *Soziologie* gezählt. Veblen ist deshalb in Deutschland nicht nur als Konsumsoziologe (wieder-) zu entdecken (Schrage 2009; Hellmann 2010).

Die Aktualität gilt gleichfalls für Mills' „pragmatist sociology" (Dunn 2018), d. h. seine Verarbeitung des Pragmatismus und insbesondere der Studien von Dewey (2001), die erst spät in Deutschland wahrgenommen werden und von dem viele Werke wie „The Public and Its Problems" erst Ende der 1990er Jahre/Anfang der 2000er Jahre auf Deutsch erscheinen. Ein Grund für die verzögerte Rezeption ist dabei wie bei Mannheim die Kritik der Frankfurter Schule (Joas 1992). Nun wird jedoch von verschiedener Seite an Dewey, z.B. an seine Öffentlichkeitstheorie, angeknüpft (Lamla 2014).

Mills' Überlegungen sind daher gleichfalls von Interesse für die deutsche Wissenssoziologie, in der in Bezug auf die amerikanische Wissenssoziologie meist nur auf die Arbeiten von Mead und Veblen verwiesen wird. In dem „Handbuch Wissenssoziologie und Wissensforschung" ist z.B. kein Kapitel zu Florian Znaniecki, Mills, Shils oder Coser, sondern nur eines zur „Pragmatistisch-interaktionistischen Wissenssoziologie" enthalten, in dem aber Gerths und Mills' (1953) Werk „Character and Social Structure" nicht erwähnt wird (Strübing 2007, S. 134f.).[162] Auch Sabine Massen (1999, S. 21–23, 87) behandelt in ihrem Überblick über die Wissenssoziologie zwar kurz die „pragmatische Wissenssoziologie" und nennt Veblen und Mead, verweist jedoch nur knapp namentlich auf Mills, seine Arbeiten fehlen zudem im Literaturverzeichnis. In Georg Kneers (2010, S. 710) Einführungsaufsatz „Wissenssoziologie" werden gleichfalls in Bezug auf die US-Wissenssoziologie allein Veblen und Mead aufgeführt. Hubert Knoblauchs (2014,

---

162 Don Martindale (1960) zählt ihr Buch dagegen in seinem Werk „The Nature and Types of Sociological History" zu der Richtung des Symbolischen Interaktionismus (Gerth und Mills 1953).

10.2 Zur Aktualität von Mills

S. 124–138) geht ebenfalls in seinem Überblick über die amerikanische Wissenssoziologie ebenfalls weder auf die Werke von Mills noch auf die von Shils oder von Coser ein. Auch in Reiner Kellers (2008, S. 33, 349) Buch „Wissenssoziologische Diskursanalyse" findet sich nur eine kurze Anmerkung zu Mills' (1963s, 1963r) Artikeln „Situated Actions and Vocabularies of Motive" und „Language, Logic and Culture",[163] im Literaturverzeichnis nennt er zudem nicht dessen andere Aufsätze etwa zur Soziologie der Soziologie oder seine Dissertation. Ein Grund für diese fehlende deutsche Rezeption ist Peter Bergers und Thomas Luckmanns (2010, S. 12f.) These in „Die gesellschaftliche Konstruktion der Wirklichkeit", dass bei Mills keine Weiterentwicklung der Mannheim'schen Wissenssoziologie vorliegt.[164]

Berger (1961, S. 51, 231) bezieht sich in seinem früheren Werk „Precarious Vision" aber selbst ausdrücklich auf das Buch von Gerth und Mills und bezeichnet es in einer Fußnote als möglicherweise „the most comprehensive application of the role theory to the analysis of institutions" (vgl. Berger 2011, S. 131). Deren Position stimmt zudem mit seiner eigenen überein, da die Analyse der sozialen Institutionen für ihn ebenfalls „the sociologist's principle concern" ist: „With this enlarged perspective, role theory can now make clear the relationship not only between individuals and society in general, but between individuals and specific societies or sectors of society." (Berger 1961, S. 52) Darüber hinaus äußert er eine ähnliche Kritik an der bisherigen Wissenssoziologie wie Mills, dass diese kein Interesse an der Sozialpsychologie und insbesondere an dem Weg besitzt, „in which socially located ideas are internalized and organized in the life of individuals" (Berger 1961, S. 55).[165] E. Doyle McCarthy (2006, S. 2) will deshalb in der Wissenssozio-

---

163 „Im Rekurs auf Mannheim, Max Weber und die Philosophie des Pragmatismus hat Charles W. Mills (1940, 1963) wenige Jahre später und eher erfolglos eine solche Wendung der Wissenssoziologie eingefordert […]" (Keller 2008, S. 33).

164 John Eldridge (1983, S. 61) bezeichnet Gerths und Mills' (1953) „Character and Social Structure" aber dagegen sogar als Vorläufer von deren Arbeit: „Despite their ‚objective' character, social structures remain human constructions. In this respect a good deal of the ground covered in Berger and Luckmann's *The Social construction of Reality* a decade and a half later had already been will tilled. This point can be extended to note the somewhat similar treatments of social role and language in the two books." Joseph A. Scimecca (1977, S. 126) grenzt sich deshalb in seiner Arbeit über Mills auch von dieser Einschätzung von Berger und Luckmann der Mills'schen Wissenssoziologie ab.

165 Berger (1961, S. 9, 13, 15) zitiert in diesem Buch auch an zentraler Stelle Mills' (1959b, 5f.) Beschreibung der „sociological imagination" als Vorbild für seine „precarious vision" (vgl. auch Berger und Kellner 1984, S. 15, 115). Zudem besitzen Berger und Mills gemeinsame theoretische Quellen wie Weber, Mannheim und den amerikanischen

logie bisher vernachlässigte Elemente u.a. von Mills wieder aufgreifen, wozu für ihn das Problem der Funktionen des Wissens im öffentlichen Leben und in der Politik zählen. Die bisher fehlende Wirkung von Mills gilt gleichfalls für die deutsche Soziologie der Soziologie. Obwohl z.B. Mills' (1971b) Aufsatz „The Professional Ideology of Social Pathologists" in einen amerikanischen Sammelband zu dem Thema aufgenommen wurde, wird er in einem jüngeren deutschen Überblicksartikel dazu nicht erwähnt (Sutter 2012). Mills ist aber als Vorläufer einer „reflexiven Soziologie" anzusehen, wie sie später von Alvin Gouldner und Bourdieu gefordert wird (Geary 2009, S. 38). Sein Werk ist daher bereits ein Beitrag zu der sich nach Hubert Knoblauch (2014, S. 346) erst „allmählich abzeichnenden Soziologie der Sozialwissenschaft".

Mills' Überlegungen besitzen auch Anregungspotential für die deutsche Intellektuellentheorie, in der die amerikanische Diskussion ebenfalls generell kaum berücksichtigt wird.[166] In einem frühen klassischen Text erwähnt z.B. M. Rainer Lepsius (1990) außer Talcott Parsons keine US-Autoren, sondern allein Alfred Weber, Mannheim, Theodor Geiger und Alfred von Martin.[167] Auch noch in Dietz Berings (2010) Übersichtswerk „Die Epoche der Intellektuellen 1898–2001" werden nur Michael Walzer (2002) sowie sein Konzept des „verbundenden Intellektuellen" genannt. Dagegen stehen im Mittelpunkt des Interesses französische Intellektuelle wie Bourdieu (1998, S. 65, 1999, 2003) und Michel Foucault (2005) sowie deren Konzepte des „totalen", „universellen", „spezifischen", „kollektiven Intellektuellen" bzw. „Medienintellektuellen" (Moebius 2010; Dietz 2010, S. 531–533; Gostmann 2013). Frankreich ist deshalb die „immer wieder beschworene[] Vorbildnation", so etwa in der These um das „Grabmal des Intellektuellen" (Dietz 2010, S. 532, 482). Dass gerade Helmut Schelsky (1975, S. 99, 101) die amerikanische Intellektuellendebatte als „weitaus eindringlicher" und produktiver als die deutsche bezeichnet, trägt wahrscheinlich noch zu deren Nicht-Rezeption bei.

Die amerikanische Auseinandersetzung weicht aber von der deutschen bzw. französischen in bestimmten Punkten ab, z.B. gilt Mills zusammen mit anderen

---

Pragmatismus (Mechling 1986, S. 211). Jay Mechling (1986, S. 220) meint deshalb, dass diese Konvergenz „would put Berger into conversation with James, C. Wright Mills, and others in the American pragmatic tradition. That is a conversation I would like to hear." Diese wurde bisher noch nicht geführt.

166 Diese Nichtbeachtung gilt z.B., wie in der deutschen Wissenssoziologie, für das für die amerikanische Intellektuellendebatte wichtige Werk „The Social Role of the Man of Knowledge" von Florian Znaniecki (1940).

167 Eine Verbindung mit der amerikanischen Debatte ergibt sich aber durch Lepsius' (1990) Adaption der Intellektuellentheorie Joseph Schumpeters (1942).

NYI als Beispiel für die „letzten Intellektuellen", d.h. „public intellectuals", da das intellektuelle Leben in den 1980er Jahren für Russell Jacoby (2006, S. 53, 1987, S. 5) fast nur mehr an den Universitäten und nicht mehr in der Öffentlichkeit stattfindet.[168] Jacoby (1987) nimmt in diesem Zusammenhang zudem den Begriff des „public intellectual" auf, der auf Mills' (1963y) Aufsatz „On Knowledge and Power" zurückgeht (Brouwer and Squires 2006, S. 33f.).[169] In dem von Amitia Etzioni und Alyssa Bowditch (2006) herausgegebenen neueren Sammelband „Public Intellectuals" ist daher auch dieser Artikel von Mills (2006) enthalten. Mit dem Ausdruck „public intellectual" wird aber bereits begrifflich die Verbindung zur Öffentlichkeit und zur Demokratie betont, weshalb er von Intellektuellen zu unterscheiden ist, deren Werke zu technisch oder zu schwierig sind, ein größeres

---

168 Der zeitgenössische Kontext für diese These ist die Kritik an amerikanischen Autoren, die beeinflusst von französischen bzw. postmodernen Denkern, immer esoterischer schreiben (Berman 2006, S. 176). Sie sind daher zwar wie Jacques Derrida Intellektuelle, „but they either could not or would not write in an manner intelligible to the public beyond the university" (Posner 2001, S. 26).

169 Wenn der Begriff „public intellectual" in der deutschen Diskussion aufgegriffen wird, wird er dagegen auf Ralf Dahrendorfs (2006) Schrift „Versuchungen der Unfreiheit" zurückgeführt (Gilcher-Holtey 2013). Andere in der amerikanischen Diskussion genannten Typen von Intellektuellen, die keine Entsprechung in der deutschen Debatte haben, sind der „guardian" (Shils 1972) oder der „policy intellectual" (Bell 1991a). Eine weitere Besonderheit der amerikanischen Diskussion ist, in Anlehnung an Znaniecki (1940), der Fokus auf Intellektuellen*kreise*. Bereits für William Phillips (1941, S. 481) ist nicht der einzelne Autor, sondern die „creative grouping, as a whole" von besonderer Bedeutung (vgl. Bell 1991a). Dieses Merkmal wird auch von Coser (1965) in seinem Werk „Men of Ideas" hervorgehoben. Coser (1965, S. 10) bezieht sich dabei auf Znanieckis (1940, 1968) Werk „The Social Role of the Man of Knowledge, für dessen Neuauflage er auch die Einleitung verfasst (vgl. zudem Kadushin 1972). In den deutschen Beiträgen z.B. von René König (1958) oder Theodor Geiger (1949) werden diese dagegen nicht berücksichtigt. Die Intellektuellen werden dagegen gerade als Personen beschrieben, „die eine bestimmte Einstellung, eine Lebenshaltung", nicht aber „ihre Stellung in der Gesellschaft" verbindet (Lepsius 1990, S. 274). Es gibt daher für sie „keine Gruppe, keinen Bund" von Intellektuellen, sondern nur ein „Häuflein Einzelpersonen" (Geiger 1949, S. 88; Lepsius 1990, S. 275). Nur bei Alfred von Martin (1965, S. 202–205, 300f.) finden sich kurze Anmerkungen dazu, die möglicherweise durch seine Rezeption Znanieckis (1940) angeregt werden. Neuerdings gibt es in Deutschland aber ein Interesse an solchen intellektuellen Zirkeln (Essbach 1988, 2013; Faber 1999; Moebius 2006; Neun 2014). Essbach (1988, S. 80) erwähnt bei seiner Diskussion der Soziologie der Intellektuellengruppen in einer Fußnote auch ausdrücklich die Werke von Mills: „Hilfreich sind in diesem Zusammenhang immer noch die frühen Arbeiten von C. Wright Mills, in denen z.B. die Auffassung, das Publikum eines Theoretikers bestehe in der ‚zeitlosen Schar derjenigen, die die Wahrheit suchen', zurückgewiesen wird."

Publikum zu erreichen (Jacoby 1987, S. 5, 235).[170] Dagegen fehlen in den USA Abgrenzungen gegenüber dem Typus des „universellen" bzw „totalen Intellektuellen", wie er in Frankreich von Jean-Paul Sartre verkörpert und kritisiert wird (Bourdieu 1991).

Die aufgeführten Gründe für das Verschwinden dieses Sozialtypus unterscheiden sich ebenfalls: Jacoby (1987, S. 6, 235) weist z.b. als Ursache auf den zunehmend unzugänglichen Stil hin. Sie müssen deshalb für ihn eine Verpflichtung zu einer „public language, the vernacular" verspüren. Daniel C. Brouwer und Catherine R. Squires (2006, S. 36) heben diesen Aspekt gleichfalls hervor: „In other words, public intellectuals are only truly public if they can speak about issues in a way that resonates with an imagined lay public."[171] In Frankreich, und in Anschluss daran in Deutschland, werden als Ursache dagegen vorrangig die (postmoderne) Aufklärungskritik genannt (Lyotard 1985; Bering 2010, S. 491).

Bedeutung für die Gegenwart besitzen Mills' Arbeiten abschließend generell, weil sie ein Beispiel für die (neuere) „nordamerikanische kritische Theorie" darstellen, für die charakteristisch ist, dass sie nicht nur mit der Sozialtheorie, sondern mit der sozialen Praxis und dem politischen Engagement eng verknüpft ist (Nickel 2012, S. 2f). Einer ihrer Vertreter, Craig Calhoun, kritisiert daher die Ausrichtung der neueren Frankfurter Schule in den USA als „completely academic" und hat dabei einen weiteren Begriff von „Kritischer Theorie": „It's not the property of people who live in Frankfurt." (Nickel 2012, S. 76f., 65) Das nordamerikanische radikale Denken beinhaltet für ihn deshalb auch die Arbeiten von Mills, Veblen und Dewey (Nickel 2012, S. 67). Zusätzlich zu den Werken von Mills könnten damit, neben den bereits genannten Veblen und Dewey, andere frühere kritische US-Arbeiten, in denen z.B. das Verhältnis von Macht/Wissenschaft behandelt wird (Lynd 1946; Gouldner 1970), in den Blick kommen.

---

170 Posner weist zwar daraufhin, dass eine mögliche Redundanz in dem Begriff „public intellectual" enthalten ist, da „öffentlich" schon in dem Begriff des Intellektuellen enthalten ist. Die Unterscheidung ergibt aber Sinn, wenn man diesen Typus von „privaten" Intellektuellen abgrenzt, „who did not write or speak publicitly as an intellectual" (Posner 2001, S. 24; Etzioni 2006, S. 16).

171 Howe (1954) bzw. Coser (1965) – und in Anschluss an sie neuere amerikanische Autoren – heben auch institutionelle Ursachen wie das Spannungsverhältnis zu der Arbeit an den Universitäten, die steigenden Mieten oder das Zerbrechen von Intellektuellengruppen hervor (Posner 2001, S. 6; Etzioni 2006), Jacoby (1987, S. 6) erwähnt zwar als einen möglichen Faktor die Veränderung des Publikums, dies kann für ihn aber nicht die einzige Ursache sein, da Werke früherer Intellektueller wie z.B. Bell weiterhin Interesse finden.

10.2 Zur Aktualität von Mills

Ansätze dazu gibt es in Deutschland. In jüngerer Zeit erinnerte Ulrich Beck (2002, S. 402) an Mills' (1959b) Werk „The Sociological Imagination" und wählte in einem seiner letzten Werke als Kapitelüberschrift „Auf der Suche nach der verlorenen Imagination", was für ihn das zugrundeliegende Verständnis der „Neuen *Kritischen* Theorie" sein sollte. Insbesondere verweist er auf Mills' Kritik an der „großen Theorie" und dem „geistlosen Empirismus" (Beck 2002, S. 405). Für Dörre et al. (2009, S. 12) stellt Mills gleichfalls ein Vorbild dar und sie fordern daher wie dieser eine „soziologische Gesellschaftsdiagnostik", da eine „Kritische Theorie der (kapitalistischen) Gesellschaft systematisch an eine empirisch fundierte soziologische Zeitdiagnose rückgebunden werden muss" (vgl. auch Bude 2005; Krysmanski 2005; Lessenich 2016).

Archivalien

BBP	Bernard Barber Papers, Correspondence Catalogued, Box 1, Rare Book & Manuscript Library, Columbia University in the City of New York.
DBP	David Bazelon Papers, Correspondence with David Riesman, Box 22, Folder 515, Special Collections, University of Delaware Library.
DMP	Dwight Macdonald Papers; Box 12, Folder 288, Lewis Coser, Correspondence; Box 23, Folder 586, Irving Howe, Correspondence; Box 34, Folder 855 C. Wright Mills, Correspondence, Manuscript and Archives, Yale University Library, Yale University.
LCP	Lewis Coser Papers, Box 26, Folder 9, Dissent-Correspondence; Folder 10, Dissent-Correspondence; Box 27, Folder 1, Dissent-Correspondence 1952–1957; Box 27, Folder 2, Dissent-Correspondence 1958–1959, Boston College Archives, Boston College.
LTP	Lionel Trilling Papers, Box 8, Folder 3, Riesman-Rosenthal, Rare Book & Manuscript Library, Columbia University in the City of New York.
RHPR	Richard Hofstadter-Project, Oral History Research Office, Columbia University in the City of New York.

Literatur

Abendroth, W. (1967). *Antagonistische Gesellschaft und politische Demokratie. Aufsätze zur politischen Soziologie*. Neuwied: Luchterhand.
Adorno, T. W., & Dirks, W. (1955). Vorwort. In *Sociologica. Aufsätze, Max Horkheimer zum sechzigsten Geburtstag gewidmet* (S. 9–10). Frankfurt a. M.: Europäische Verlagsanstalt.
Albrow, M. (1989). Die Rezeption Max Webers in der britischen Soziologie. In J. Weiß (Hrsg.), *Max Weber heute. Erträge und Probleme der Forschung* (S. 165–186). Frankfurt a. M.: Suhrkamp.
Allert, T. (2010). „Habermas hat die Innovationsbedürftigkeit gespürt." In F. Herrschaft & K. Lichtblau (Hrsg.), *Soziologie in Frankfurt. Eine Zwischenbilanz* (S. 487–497). Wiesbaden: VS Verlag für Sozialwissenschaften.
Aronowitz, S. (Hrsg.). (2004a). *C. Wright Mills. Bd. 1*. London: Sage.
Aronowitz, S. (Hrsg.). (2004b). *C. Wright Mills. Bd. 2*. London: Sage.
Aronowitz, S. (Hrsg.). (2004c). *C. Wright Mills. Bd. 3*. London: Sage.
Aronowitz, S. (2012). *Taking It Big. C. Wright Mills and the Making of Political Intellectuals*. New York: Columbia University Press.
Bauer, U., Bittlingmayer, U. H., Keller, C., & Schultheis, F. (2014). Einleitung: Rezeption, Wirkung und gegenseitige (Fehl-)Wahrnehmung. In Dies. (Hrsg.), *Bourdieu und die Frankfurter Schule. Kritische Gesellschaftstheorie im Zeitalter des Neoliberalismus* (S. 7–28). Bielefeld: transcript.
Baumgarten, E. (1956). Einleitung. In M. Weber, *Soziologie – Weltgeschichtliche Analysen – Politik*. Mit einer Einleitung von Eduard Baumgarten. Hrsg. und erläutert von Johannes Winckelmann (S. XI-XXXVI). Stuttgart: Kröner.
Baumgarten, E. (1964). *Max Weber. Werk und Person. Dokumente ausgewählt und kommentiert von Eduard Baumgarten*. Tübingen: Mohr.
Bazelon, D. (1948). Portrait of the American. *Commentary 6 (August)*, 189–190.
Beauvoir, S. d. (1966). *Der Lauf der Dinge*. Reinbek bei Hamburg: Rowohlt.

Beck, U. (2002). *Macht und Gegenmacht im globalen Zeitalter. Neue weltpolitische Ökonomie.* Frankfurt a. M.: Suhrkamp.
Bell, D. (1947a). Adjusting Men to Machines. *Commentary 3 (Januar)*, 79–88.
Bell, D. (1957). Yale Man as Revolutionist. *The New Leader 40 (9. Dezember)*, 22–24.
Bell, D. (1958a). The Capitalism of the Proletariat? *Encounter 10 (Februar)*, 17–23.
Bell, D. (1958b). The Power Elite – Reconsidered. *The American Journal of Sociology 64*, 238–250.
Bell, D. (1979). Interview mit Dittberner. In J. L. Dittberner, *The End of Ideology and American Social Thought: 1930–1960* (S. 309–336). Ann Arbor, Michigan: UMI Research Press.
Bell, D. (1984). Our Country – 1984. *Partisan Review 51*, 620–637.
Bell, D. (1991a). The „Intelligentsia" in American Society. In Ders., *The Winding Passage. Sociological Essays and Journeys.* Mit einem neuen Vorwort von Irving Louis Horowitz (S. 119–137). New Brunswick, New Jersey: Transaction Publ.
Bell, D. (1991b). Vulgar Sociology. In Ders., *The Winding Passage. Sociological Essays and Journeys.* Mit einem neuen Vorwort von Irving Louis Horowitz (S. 138–143). New Brunswick, New Jersey: Transaction Publ.
Bell, D. (2000). *The End of Ideology. On the Exhaustion of Political Ideas in the Fifties.* Mit einem neuen Nachwort des Autors „The Resumption of History in the New Century". Cambridge, Mass.: Cambridge University Press.
Bendix, R. (1960). *Max Weber. An Intellectual Portrait.* Garden City, New York: Doubleday.
Bensman, J. (1982). Hans Gerth's Contribution to American Sociology. In J. Bensman, A. J. Vidich & N. Gerth (Hrsg.), *Politics, Character, and Culture: Perspectives from Hans Gerth* (S. 221–274). Westport, Connecticut: Greenwood Press.
Berger, P. L. (1961). *The Precarious Vision. A Sociologist Looks at Social Fiction and Christian Faith.* Garden City, New York: Doubleday & Company.
Berger, P. L., & Kellner, H. (1984). *Für eine neue Soziologie. Ein Essay über Methode und Profession.* Frankfurt a. M.: Fischer.
Berger, P. L., & Luckmann, T. (2010). *Die gesellschaftliche Konstruktion der Wirklichkeit. Eine Theorie der Wissenssoziologie.* Frankfurt a. M.: Fischer.
Birnbaum, N. (1963). Einleitung. In Mills, C. Wright, *Kritik der soziologischen Denkweise* (S. 11–37). Neuwied am Rhein: Luchterhand.
Bloom, A. (1986). *Prodigal Sons: The New York Intellectuals und Their World.* New York/ Oxford: Oxford Univ. Press.
Bögenhold, D. (2011). Sozioökonomik: Das Verhältnis von Wirtschaft und Gesellschaft akademisch betrachtet. In G. Mikl-Horke (Hrsg.), *Sozioökonomie: Die Rückkehr der Wirtschaft in die Gesellschaft* (S. 59–94). Marburg: Metropolis.
Bottomore, T. (1960). American Heretics. *Europäisches Archiv für Soziologie 1*, 289–296.
Bourdieu, P. (1991). *Die Intellektuellen und die Macht.* Hrsg. von Irene Dölling. Hamburg: VSA Verlag.
Bourdieu, P. (1998). *Gegenfeuer. Wortmeldungen im Dienste des Widerstands gegen die neoliberale Invasion.* Konstanz: UVK Universitätsverlag.
Bourdieu, P. (1999). *Die Regeln der Kunst. Genese und Struktur des literarischen Feldes.* Frankfurt a. M.: Suhrkamp.

Bourdieu, P. (2003). Über Michel Foucault. Das Engagement eines ,spezifischen Intellektuellen'". In Ders., *Herrschende Ideologie & wissenschaftliche Autonomie, Laien & Professionelle der Politik, Erziehung & Bildungspolitik. Interventionen 1961–2001. Interventionen. Bd. 2: 1975–1990* (S. 74–78). Hamburg: VSA Verlag.

Bourdieu, P. (2004). *Science of Science and Reflexivity*. Chicago: The University of Chicago Press.

Bourdieu, P., Chamboredon, J. C., & Passeron, J. C. (1968). *Le métier de sociologue. Bd. 1*. Paris: Mouton/Bordas.

Bourdieu, P., Chamboredon, J. C., & Passeron, J. C. (1991). *Soziologie als Beruf. Wissenschaftstheoretische Voraussetzungen soziologischer Erkenntnis*. Hrsg. v. Beate Krais. Berlin: de Gruyter.

Brady, R. A. (1943). *Business as a System of Power*. New York: Columbia University Press.

Bremes, H.-E. (1978). Anlaß und Begründung für die Einbeziehung von Soziologie in die gewerkschaftliche Bildungsarbeit. *Soziologie 7*, H. 1, 31–37.

Brewer, J. D. C. (2003). *C. Wright Mills and the Ending of Violence*. New York: Palgrave Macmillan.

Brick, H. (2006). *Transcending Capitalism. Visions of a New Society in Modern American Thought*. Ithaca: Cornell University Press.

Brouwer, D. C., & Squires, C. R. (2006). Public Intellectuals, Public Life, and the University. In A. Etzioni & A. Bowditch (Hrsg.), *Public Intellectuals. An Endangered Species?* (S. 31–49). Lanham: Rowman & Littlefield.

Bude, H. (2005). Auf der Suche nach einer öffentlichen Soziologie. Ein Kommentar zu Michael Burawoy von Heinz Bude. *Soziale Welt 56*, 375–380.

Burawoy, M. (2004). Introduction: Public Sociologies: A Symposium from Boston College. *Social Problems 51*, 104–106.

Burawoy, M. (2007a). Public Sociology. In D. Clawson, R. Zussmann, J. Misra, N. Gerstel, R. Stokes, D. L. Anderton & M. Burawoy (Hrsg.), *Public Sociology. Fifteen Eminent Sociologists Debate Politics and the Profession in the Twenty-first Century* (S. 23–64). Berkeley: University of California Press.

Burawoy, M. (2007b). Private Troubles and Public Issues. In A. Barlow (Hrsg.), *Collaborations for Social Justice* (S. 125–131). Lanham, Maryland: Rowman & Littlefield.

Burawoy, M. (2008). Open Letter to C. Wright Mills. *Antipode, 40*, 365–375.

Burawoy, M. (2009). Public Sociology: The Task and the Promise. In K. Gould & T. Lewis (Hrsg.), *Ten Lessons in Introductory Sociology* (S. 279–298). Oxford: Oxford University Press.

Burawoy, M. (2011). Interview mit Devorah Kalekin-Fishman. *International Sociology Review of Books 26*, 583–596.

Burawoy, M. (2013). From Max Weber to Public Sociology. In H.-G. Soeffner (Hrsg.), *Transnationale Vergesellschaftungen. Verhandlungen des 35. Kongresses der Deutschen Gesellschaft für Soziologie in Frankfurt a. Main 2010. Bd. 2* (S. 741–755). Wiesbaden: Springer VS.

Burnham, J. (1941). *The Managerial Revolution. What Is Happening in the World*. New York: Day.

Calhoun, C., & VanAntwerpen, J. (2007). Orthodoxy, Heterodoxy, and Hierarchy: „Mainstream" Sociology and Its Challengers. In C. Calhoun (Hrsg.), *Sociology in America. A History* (S. 367–410). Chicago: University of Chicago Press.

Chase, R. (1958). Max Lerner's America. The Middlebrow in the Age of Sociology. *Commentary 25 (März)*, 255–260.
Collins, P. H. (2007). Going Public. In D. Clawson, R. Zussmann, J. Misra, N. Gerstel, R. Stokes, D. L. Anderton & M. Burawoy (Hrsg.), *Public Sociology. Fifteen Eminent Sociologists Debate Politics and the Profession in the Twenty-first Century* (S. 101–113). Berkeley: University of California Press.
Collins, R. (1986). *Weberian Sociological Theory*. Cambridge: Cambridge University Press.
Coser, L. (1959). Kitsch Sociology. *Partisan Review 26 (Sommer)*, 480–483.
Coser, L. (1960a). The Uses of Sociology. *Partisan Review 27 (Winter)*, 166–173.
Coser, L. (1960b). Besprechung von „The End of Ideology" von Daniel Bell. *The American Journal of Sociology 66 (Juli)*, 100.
Coser, L. (1965). *Men of Ideas. A Sociologist's View*. New York: Free Press.
Coser, L. (1977). *Masters of Sociological Thought. Ideas in Historical and Social Context. Second Edition*. New York: Harcourt Brace Jovanovich.
Coser, L. (1984). An Interview with Bernard Rosenberg. In W. W. Powell & R. Robbins (Hrsg.), *Conflict and Consensus. A Festschrift in Honor of Lewis A. Coser* (S. 27–52). New York: Free Press.
Coser, L. (1993). A Sociologist's Atypical Life. *Annual Review of Sociology 19*, 1–15.
Dahrendorf, R. (1962). C. Wright Mills (1916–1962). *Kölner Zeitschrift für Soziologie und Sozialpsychologie 14*, 603–605.
Dahrendorf, R. (1963). *Die angewandte Aufklärung. Gesellschaft und Soziologie in Amerika*. München: Piper.
Dahrendorf, R. (1972). Fundamentale und liberale Demokratie: Über Teilnahme und Initiative in der modernen Politik. In Ders., *Konflikt und Freiheit. Auf dem Weg zur Dienstklassengesellschaft. Gesammelte Abhandlungen II* (S. 225–237). München: Piper.
Dahrendorf, R. (1969). Aktive und passive Öffentlichkeit. Über Teilnahme und Initiative im politischen Prozeß moderner Gesellschaften. In M. Löffler (Hrsg.), *Das Publikum* (S. 1–2). München: Beck.
Dahrendorf, R. (1998). Motive, Erfahrungen, Einsichten – Persönliche Anmerkungen zur deutschen Soziologie der Nachkriegszeit. In K. M. Bolte & F. Neidhardt (Hrsg.), *Soziologie als Beruf. Erinnerungen westdeutscher Hochschulprofessoren der Nachkriegsgeneration* (S. 295–301). Opladen: Leske+Budrich.
Dahrendorf, R. (2006). *Versuchungen der Unfreiheit. Die Intellektuellen in Zeiten der Prüfung*. München: Beck.
Danckwerts, D. (1969). Soziologie und politische Entwicklung. In B. Schäfers (Hrsg.), *Thesen zur Kritik der Soziologie* (S. 29–49). Frankfurt a. M.: Suhrkamp.
Denord, F., & Réau, B. (2014). *La Sociologie de Charles Wright Mills*. Paris: La Découverte.
Der Verlag. (1962). Zu diesem Buch. In Mills, C. Wright, *Die amerikanische Elite. Gesellschaft und Macht in den Vereinigten Staaten* (S. 7–10). Hamburg: Holsten.
Dewey, J. (1927). *The Public and Its Problems*. New York: Holt.
Dewey. J. (1938). *Logic. The Theory of Inquiry*. New York: Holt.
Dewey, J. (2001). *Die Öffentlichkeit und ihre Probleme*. Berlin: Philo Verlagsgesellschaft.
Dittberner, J. L. (1979). *The End of Ideology and American Social Thought: 1930–1960*. Ann Arbor, Michigan: UMI Research Press.
Domhoff, G. W., & Ballard, H. B. (Hrsg.). (1968). *C. Wright Mills and The Power Elite*. Boston: Beacon Press.

Dorman, J. (2000). *Arguing the World. The New York Intellectuals in Their Own Words.* New York: Free Press.

Dörre, K., Lessenich, S., & Rosa, H. (2009). *Soziologie – Kapitalismus – Kritik. Eine Debatte.* Frankfurt a. M.: Suhrkamp.

Dreitzel, H. P. (1962). *Elitebegriff und Sozialstruktur. Eine soziologische Begriffsanalyse.* Stuttgart: Enke.

Dumazedier, J. (1960). [Rez.] C. W. Mills: The sociological imagination. *Revue française de sociologie 1*, 111–112.

Dunn, R. G. (2018). *Toward a Pragmatist Sociology. John Dewey and the Legacy of C. Wright Mills.* Phiadelphia: Temple University Press.

Egger, S. (2014). Endstation Frankfurt. Eine Polemik zur Rezeption Bourdieus in der deutschen Sozialphilosophie. In U. Bauer, U. H. Bittlingmayer, C. Keller & F. Schultheis (Hrsg.), *Bourdieu und die Frankfurter Schule. Kritische Gesellschaftstheorie im Zeitalter des Neoliberalismus* (S. 85–106). Bielefeld: transcript.

Eldridge, J. (1983). *C. Wright Mills.* Chichester: Ellis Horwood.

Erdelyi, A. (1992). *Max Weber in Amerika. Wirkungsgeschichte und Rezeptionsgeschichte Webers in der anglo-amerikanischen Philosophie und Sozialwissenschaft.* Wien: Passagen Verlag.

Eßbach, W. (1988). *Die Junghegelianer. Soziologie einer Intellektuellengruppe.* München: Fink.

Eßbach, W. (2013). Intellektuellensoziologie zwischen Ideengeschichte, Klassenanalyse und Selbstbefragung. In T. Kroll & T. Reitz (Hrsg.), *Intellektuelle in der Bundesrepublik Deutschland. Verschiebungen im politischen Feld der 1960er und 1970er Jahre.* (S. 21–40). Göttingen: Vandenhoeck & Ruprecht.

Etzioni, A. (1966). Social Analysis as a Sociological Vocation. In A. B. Shostak (Hrsg.), *Sociology in Action: Case Studies in Social Problems and Directed Social Change* (S. 317–323). Homewood, Ill.: Dorsey.

Etzioni, A. (2006). Public Intellectuals. An Endangered Species? In A. Etzioni & A. Bowditch (Hrsg.), *Public Intellectuals. An Endangered Species?* (S. 1–27). Lanham, Maryland: Rowman & Littlefield Publ.

Etzioni, A., & Bowditch, A. (Hrsg.). (2006), *Public Intellectuals. An Endangered Species?* Lanham, Maryland: Rowman & Littlefield Publ.

Faber, R., & Holste, C. (Hrsg.). (2000). *Kreise – Gruppen – Bünde. Zur Soziologie moderner Intellektuellenassoziation.* Würzburg: Königshausen & Neumann.

Flacks, D. (2006). C. Wright Mills, Tom Hayden, and the New Left. In T. Hayden, *Radical Nomad. C. Wright Mills and His Times* (S. 1–19). Boulder, Colorado: Paradigm Publ.

Fleck, C., & Hess, A. (Hrsg.) (2014). *Knowledge for Whom? Public Sociology in the Making.* Farnham, Surrey: Ashgate.

Foucault, M. (2005). Der Intellektuelle und die Mächte. In Ders., *Schriften in vier Bänden. Dits et Ecrits. Band IV. 1980–1988* (S. 924–931). Frankfurt a. M.: Suhrkamp.

Fromm, E. (1941): *Escape From Freedom.* New York: Farrar & Rinehart.

Furedi, F. (2009). Recapturing the Sociological Imagination. In V. Jeffries (Hrsg.), *Handbook of Public Sociology* (S. 171–184). Lanham, Maryland: Rowman & Littlefield.

Geary, D. (2009). *Radical Ambition. C. Wright Mills, the Left, and American Social Thought.* Berkeley: University of California Press.

Geck, L. H. (1956). Besprechung von C. Wright Mills „Menschen im Büro". *Soziale Welt* 7, 384.
Geiger, T. (1949). *Aufgaben und Stellung der Intelligenz in der Gesellschaft.* Stuttgart: Enke.
Gemperle, M. (2011). *Vom Gebrauch eines Autors. Genese und Struktur der Rezeption von Max Webers Werk in Frankreich.* Diss. Universität Gallen.
Gerhardt, U. (2006). Talcott Parsons und die Geltung des Werkes Max Webers. In K.-L. Ay, & K. Borchardt (Hrsg.), *Das Faszinosum Max Weber. Die Geschichte seiner Geltung* (S. 91–121). Konstanz: UVK Verlagsgesellschaft.
Gerth, H. H. (1982). The Intellectual in Modern Society. In J. Bensman, A. J. Vidich & N. Gerth (Hrsg.), *Politics, Character, and Culture: Perspectives from Hans Gerth* (S. 177–189). Westport, Connecticut: Greenwood Press.
Gerth, H. H. (1994). The Development of Social Thought in the United States and Germany: Critical Observations on the Occasion of the Publication of C. Wright Mills' White Collar. *Politics, Culture and Society 7*, 525–568.
Gerth, H. H., & Landau, S. (1982). The Relevance of History to the Sociological Ethos. In J. Bensman, A. J. Vidich & N. Gerth (Hrsg.), *Politics, Character, and Culture: Perspectives from Hans Gerth* (S. 190–198). Westport, Connecticut: Greenwood Press.
Gerth, H. H., & Mills, C. W. (1944). A Note on Max Weber. *Politics 1*, 271–272.
Gerth, H. H., & Mills, C. W. (1953). *Character and Social Structure. The Psychology of Social Institutions.* New York: Harcourt, Brace and Company.
Gerth, H. H., & Mills, C. W. (Hrsg.) (1958a). *From Max Weber: Essays in Sociology.* New York: Oxford University Press.
Gerth, H. H., & Mills, C. W. (1958b). Introduction. The Man and His Work. In Dies. (Hrsg.), *From Max Weber: Essays in Sociology* (S. 1–74). New York: Oxford University Press.
Gerth, H. H., & Mills, C. W. (1970). *Person und Gesellschaft. Die Psychologie sozialer Institutionen.* Frankfurt a. M.: Athenäum.
Gerth, N. (2002). *Between Two Worlds. Hans Gerth. Eine Biografie 1908–1978 (Jahrbuch für Soziologiegeschichte 1999/2000).* Opladen: Leske + Budrich.
Gilcher-Holtey, I. (2013). Konkurrenz um den ‚wahren' Intellektuellen. Intellektuelle Rollenverständnisse aus zeithistorischer Sicht. In T. Kroll & T. Reitz (Hrsg.), *Intellektuelle in der Bundesrepublik Deutschland. Verschiebungen im politischen Feld der 1960er und 1970er Jahre* (S. 41–53). Göttingen: Vandenhoeck & Ruprecht.
Gillam, R. (1977/1978). Richard Hofstadter, C. Wright Mills, and „the Critical Ideal". *The American Scholar 47 (Winter)*, 69–85.
Gillam, R. (1989). C. Wright Mills and Lionel Trilling: „Imagination" in the Fifties. *The Gettysburg Review 2*, 680–689.
Gitlin, T. (2006). *The Intellectuals and the Flag.* New York: Columbia University Press.
Glazer, N. (1945a). The Study of Man. *Commentary 1 (November)*, 84–87.
Glazer, N. (1945b). The Study of Man. *Commentary 1 (Dezember)*, 84–87.
Glazer, N. (1946a). Government by Manipulation. The Social Scientist Report for Service. *Commentary 2 (Juli)*, 81–86.
Glazer, N. (1946b). The Social Scientists Dissect Prejudice. An Appraisal of Recent Studies. *Commentary 1 (Mai)*, 79–85.
Glazer, N. (1947). What Is Sociology's Job? A Report of a Conference. *Commentary 3 (Februar)*, 181–186.

Glazer, N. (1990). From Socialism to Sociology. In B. M. Berger (Hrsg.), *Authors of Their Own Lives. Intellectual Autobiographies by Twenty American Sociologists* (S. 190–209). Berkeley, Cal.: University of California Press.

Gostmann, P. (2013). *Beyond the Pale. Albert Salomons Denkraum und das intellektuelle Feld im 20. Jahrhundert.* Wiesbaden: Springer VS.

Gouldner, A. W. (1963). Anti-Minotaur: The Myth of a Value-Free Sociology. In M. Stein & A. Vidich (Hrsg.), *Sociology on Trial* (S. 35–52). Englewood Cliffs, New Jersey: Prentice-Hall.

Gouldner, A. W. (1970). *The Coming Crisis of Western Sociology.* New York: Basic Books.

Greffrath, M. (1979). Erinnerung an Hans Gerth. In Ders. (Hrsg.), *Die Zerstörung einer Zukunft. Gespräche mit emigrierten Sozialwissenschaftlern* (S. 97–102). Reinbek bei Hamburg: Rowohlt.

Greve, J. (2012). Von prozeduraler Kritik zu prozeduraler Praxis: Öffentliche Soziologie als Transformation kritischer Theorie. *Zeitschrift für Theoretische Soziologie* 1, 137–150.

Habermas, J. (1990). *Strukturwandel der Öffentlichkeit. Untersuchungen zu einer Kategorie der bürgerlichen Gesellschaft.* Frankfurt a.M.: Suhrkamp.

Hacker, A. (1961). Things as They Are. *Commentary 31 (Juni)*, 546–550

Haney, D. P. (2008). *The Americanization of Social Science. Intellectual and Public Responsibility in the Postwar United States.* Philadelphia: Temple University Press.

Hartmann, H. (1973). *Moderne amerikanische Soziologie. Neuere Beiträge zur soziologischen Theorie. 2. umgearb. Aufl.* Stuttgart: Kroner.

Hartmann, H. (1998). Wechselhaft, mit Aufheiterungen: Erfahrungen mit soziologischen Wetterlagen. In K. M. Bolte & F. Neidhardt (Hrsg.), *Soziologie als Beruf. Erinnerungen westdeutscher Hochschulprofessoren der Nachkriegsgeneration* (S. 353–372). Baden-Baden: Nomos.

Hartmann, H. (2007). *Logbuch eines Soziologen. Ausbildung, Arbeit, Anerkennung im Fach 1950–2000.* Münster: Sport.

Hayden, T. (1988). *Reunion. A Memoir.* New York: Random House.

Hayden, T. (2005). *The Port Huron Statement. The Visionary Call of the 1960s Revolution.* New York: Thunder's Mouth Press.

Hayden, T. (2006). *Radical Nomad. C. Wright Mills and His Times.* Boulder, Colorado: Paradigm Publ.

Hellmann, K.-U. (2010). Konsumsoziologie. In G. Kneer & M. Schroer (Hrsg.), *Handbuch Spezielle Soziologien* (S. 179–195). Wiesbaden: VS Verlag für Sozialwissenschaften.

Henkel, A. (2011). Gesellschaftliche Ortsbestimmung der Soziologie. *Sozialwissenschaften und Berufspraxis 34*, 170–178.

Hennis, W. (2003). *Max Weber und Thukydides. Nachträge zur Biographie des Werks.* Tübingen: Mohr Siebeck.

Hess, A. (1995). *Die politische Soziologie C. Wright Mills'. Ein Beitrag zur politischen Ideengeschichte.* Leske + Budrich: Opladen.

Hess, A. (1999). C. Wright Mills. In D. Käsler (Hrsg.), *Klassiker der Soziologie. Bd. 2. Von Talcott Parsons bis Pierre Bourdieu* (S. 171–187). München: Beck.

Hofstadter, R. (1963). *Anti-Intellectualism in American Life.* New York: Knopf.

Horkheimer, M. (1996). *Gesammelte Schriften. Band 18: Briefwechsel 1949–1973.* Hrsg. v. Gunzelin Schmid Noerr. Frankfurt a. M.: Fischer.

Horkheimer, M., & Adorno, Theodor W. (1944). *Philosophische Fragmente*. New York: Institut für Sozialforschung.
Horkheimer, M., & Adorno, Theodor W. (1972). *Dialectic of Enlightenment*. New York: Continuum.
Horowitz, I. L. (1962). In Memoriam: The Sociological Imagination of C. Wright Mills. *American Journal of Sociology, 68,* 105–107.
Horowitz, I. L. (1963). An Introduction to C. Wright Mills. In Mills, C. Wright, *Power, Politics and People. The Collected Essays of C. Wright Mills*. Hrsg. v. und mit einer Einleitung von Irving Louis Horowitz (S. 1–20). New York: Oxford University Press.
Horowitz, I. L. (Hrsg.). (1964a). *Essays in Social Science and Social Theory in Honor of C. Wright Mills*. New York: Oxford University Press.
Horowitz, I. L. (1964b). An Introduction to *The New Sociology*. In Ders. (Hrsg.), *Essays in Social Science and Social Theory in Honor of C. Wright Mills* (S. 3–48). New York: Oxford University Press
Horowitz, I. L. (1964c). Einleitung. The Intellectual Genesis of C. Wright Mills. In Mills, C. Wright, *Sociology and Pragmatism. The Higher Learning in America*. Hrsg. v. und mit einer Einleitung von Irving Louis Horowitz (S. 11–31). New York: Oxford University Press.
Horowitz, I. L. (1964d). Max Weber and the Spirit of American Sociology. *The Sociological Quarterly, 5,* 344–354.
Horowitz, I. L. (1983). *C. Wright Mills. An American Utopian*. New York: Free Press.
Horowitz, I. L. (2001). Thorstein Veblen's Last Hurrah: Kept Classes, Vested Interest, and Common Man. In Ders. (Hrsg.), *Veblen's Century. A Collective Portrait* (S. 291–297). New Brunswick, N.J.: Transaction Publishers.
Howe, I. (1948). Possibilities For Politics. In *Partisan Review 15,* 1356–1359.
Howe, I. (1952). Our Country and Our Culture. *Partisan Review 19 (September-Oktober),* 575–581.
Howe, I. (1954). This Age of Conformity. *Partisan Review 21 (Januar-Februar),* 7–33.
Howe, I. (1963). An American Tragedy. *The New York Review of Books 1,* 3.
Howe, I. (1982). *A Margin Of Hope*. San Diego: Harcourt, Brace & Jovanovich.
Howe, I., & Widick, B. J. (1949). *The UAW and Walter Reuther*. New York: Random House.
Hughes, Everett C. (1951). The New Middle Class. *Commentary 12,* 497–498.
International Sociological Association (1998). *Books of the Century*. http://www.isa-sociology.org/en/about-isa/history-of-isa/books-of-the-xx-century/. Zugegriffen am: 1.1.2018.
Jacoby, R. (1987). *The Last Intellectuals. American Culture in the Age of Academe*. New York: Basic Books.
Jacoby, R. (2006). The Graying of the Intellectuals. In A. Etzioni & A. Bowditch (Hrsg.), *Public Intellectuals. An Endangered Species?* (S. 165–171). Lanham: Rowman & Littlefield.
Jaeggi, U. (1960). *Die gesellschaftliche Elite. Eine Studie zum Problem der sozialen Macht*. Bern: Paul Haupt.
Jaeggi, U. (1976). *Theoretische Praxis. Probleme eines strukturalen Marxismus*. Frankfurt a. M.: Suhrkamp.
Joas, H. (1992). *Pragmatismus und Gesellschaftstheorie*. Frankfurt a. M.: Suhrkamp.
Jonas, F. (1968). *Geschichte der Soziologie IV. Deutsche und amerikanische Soziologie. Mit Quellentexten*. Reinbek bei Hamburg: Rowohlt.

Jumonville, N. (1991). *Critical Crossings. The New York Intellectuals in Postwar America.* Berkeley: University of California Press.
Jumonville, N. (Hrsg.) (2007). *The New York Intellectuals Reader.* New York: Routledge.
Jüres, E. A. (1959). Soziologie der Angestellten – hinter der Zeit zurück? *Soziale Welt* 10, 110–124.
Kadushin, C. (1972). Who Are the Elite Intellectuals? *The Public Interest 29 (Herbst),* 109–125.
Käsler, D. (1978). Max Weber. In Ders. (Hrsg.), *Klassiker der soziologischen Denkens* (S. 40–177). München: Beck.
Käsler, D. (2003). Max Weber. In Ders. (Hrsg.), *Klassiker der Soziologie. Band I. Von August Comte bis Norbert Elias. 4. Aufl.* (S. 190–212). München: Beck.
Katz, E., & Lazarsfeld, P. L. (1955). *Personal Influence. The Part Played by People in the Flow of Mass Communication.* Glencoe, Ill: Free Press.
Kaube, J. (2014). *Max Weber. Ein Leben zwischen den Epochen.* Berlin: Rowohlt.
Keller, R. (2008). *Wissenssoziologische Diskursanalyse. Grundlegung eines Forschungsprogramms. 2. Aufl.* Wiesbaden: VS Verlag für Sozialwissenschaften.
Kerr, K. (2009). *Postmodern Cowboy. C. Wright Mills and a New 21st Century Sociology.* Boulder: Paradigm Publishers.
Klages, H. (1969). *Geschichte der Soziologie.* München: Juventa.
Klima, R. (1969). Einige Widersprüche im Rollen-Set des Soziologen. In B. Schäfers (Hrsg.), *Thesen zur Kritik der Soziologie* (S. 80–95). Frankfurt a. M.: Suhrkamp.
Kneer, G. (2010). Wissenssoziologie. In G. Kneer & M. Schroer (Hrsg.), *Handbuch Spezielle Soziologien* (S. 707–723). Wiesbaden: VS Verlag für Sozialwissenschaften.
Koller, A. (2004). *Strukturwandel der Öffentlichkeit in Westeuropa und den USA. Theoretische, metatheoretische und empirische Rekonstruktion und transatlantische Integration der Klassiker.* Diss. Zürich.
König, R. (1961). Zwei ungleiche Brüder. In *Kölner Zeitschrift für Soziologie und Sozialpsychologie* 13, 500–507.
König, R. (1967). Intelligenz. In Ders. (Hrsg.), *Soziologie. Umgearbeitete und erweiterte Neuauflage* (S. 148–155). Frankfurt a. M.: Fischer.
Krause, G. (2011). Thorsteins Kritik am Kapitalismus – Denkanstöße vom „amerikanischen Marx". In Ders. (Hrsg.), Kapitalismus und Krisen heute – Herausforderung für Transformationen (S. 143–162). Berlin: trafo Wissenschaftsverlag.
Krüsselberg, H.-G. (1964). Besprechung von Horowitz, I. L. (Hrsg.), Power, Politics and People, The Collected Essays of C. Wright Mills. *Kölner Zeitschrift für Soziologie und Sozialpsychologie 16,* 569–573.
Krysmanski, H.-J. (1963). *Die utopische Methode. Eine literatur- und wissenssoziologische Untersuchung deutscher utopischer Romane des 20. Jahrhunderts.* Köln: Westdeutscher Verlag.
Krysmanski, H. J. (1969). Zwischen Integration und Desintegration: Sozialwissenschaft als Praxis. In B. Schäfers (Hrsg.), *Thesen zur Kritik der Soziologie* (S. 96–117). Frankfurt a. M.: Suhrkamp.
Lamla, J. (2014). Öffentlichkeit: Soziologie, Zeitdiagnose und Gesellschaftskritik. In J. Lamla, H. Laux, H. Rosa & D. Strecker (Hrsg.), *Handbuch der Soziologie* (S. 491–505). Konstanz: UVK Verlagsgesellschaft.
Landau, S. (1965). C. Wright Mills. The Last Six Months. *Ramparts 4,* 45–54.

Lee, F. (2009). *A History of Heterodox Economics. Challenging the Mainstream in the Twentieth Century.* London.
Lekachman, R. (1959). Popular Sociology. *Commentary 28 (September),* 268–270.
Lepsius, M. R. (1979). Die Entwicklung der Soziologie nach dem Zweiten Weltkrieg 1945 bis 1967. In G. Lüschen (Hrsg.), *Deutsche Soziologie seit 1945. Entwicklungsrichtungen und Praxisbezug* (S. 25–69). Opladen: Westdeutscher Verlag.
Lepsius, M. R. (1990). Kritik als Beruf. Zur Soziologie der Intellekuellen. In Ders., *Interessen, Ideen und Institutionen* (S. 270–285). Opladen: Westdeutscher Verlag.
Lessenich, S. (2016). Soziologische Phantasie gestern und heute. Vorwort zur deutschen Neuausgabe. In Mills, C. Wright, *Soziologische Phantasie.* Hrsg. v. Prof. Dr. Stephan Lessenich (S. 7–21). Wiesbaden: Springer VS.
Levine, R. F. (Hrsg.). 2004. *Enriching the Sociological Imagination. How Radical Sociology Changes the Discipline.* Leiden: Brill.
Lippmann, W. (1922). *Public Opinion.* New York: Harcourt.
Lipset, S. M. (1950). Changing Social Status and Prejudice. The Race Theories of a Pioneering American Sociologist. *Commentary 9 (Mai),* 475–479.
Lipset, S. M. (1960). *Political Man. The Social Bases of Politics.* Garden City, N.Y.: Doubleday.
Lipset, S. M. (1961). The Conservatism of Vance Packard. *Commentary 31 (Januar),* 80–83.
Lipset, S. M. (1981). Sozialismus und Soziologie. In W. Lepenies (Hrsg.), *Geschichte der Soziologie. Studien zur kognitiven, sozialen und historischen Identität einer Disziplin. Bd. 1* (S. 392–427). Frankfurt a. M.: Suhrkamp.
Lipset, S. M., & Löwenthal, L. (1961). *Culture and Social Character. The Work of David Riesman reviewed.* Glencoe, Ill.: Free Press.
Lipset, S. M., & Smelser, N. (1961). Change and Controversy in Recent American Sociology. *British Journal of Sociology 12 (März),* 41–51.
Löwenthal, L. (1944). *Biographies in Popular Magazines. Radio Research 1942/1943.* New York: Duell, Sloan & Pearce.
Lutz, P. C. (1979). Die Bedeutung der Soziologie für die Politische Wissenschaft. Zur wissenschaftssoziologischen Interpretation des Streites um die politische Soziologie in den fünfziger Jahren. In G. Lüschen (Hrsg.), *Deutsche Soziologie seit 1945. Entwicklungsrichtungen und Praxisbezug* (S. 264–293). Opladen: Westdeutscher Verlag.
Lynd, R. (1946). *Knowledge for What? The Place of Social Science in American Culture.* Princeton: Princeton University Press.
Lyotard, J. F. (1985). *Grabmal des Intellektuellen.* Graz: Böhlau.
Maasen, S. (1999). *Wissenssoziologie.* Bielefeld: transcript.
Macdonald, D. (1942). The Burnhamian Revolution. *Partisan Review 9 (Januar-Februar),* 76–84.
Macdonald, D. (1952). Abstractio ad Absurdum. *Partisan Review 19,* 110–115.
Mannheim, K. (1940). *Man and Society in an Age of Reconstruction.* New York: Harcourt, Brace and Company.
Marcuse, H. (1988). *Der eindimensionale Mensch. Studien zur Ideologie der fortgeschrittenen Industriegesellschaften.* München: Deutscher Taschenbuchverlag.
Martin, A. v. (1965). *Mensch und Gesellschaft heute.* Frankfurt a. M.: Knecht.
Martindale, D. (1960). *The Nature and Types of Sociological History.* Boston: Houghton Mifflin.

Martindale, D. (1982). *The Monologue: Hans Gerth (1908–1978), A Memoir*. Ghaziabad, India: Intercontinental Press.
Maus, H. (1955). Vorwort zur deutschen Ausgabe. In Mills, C. Wright, *Menschen im Büro. Ein Beitrag zur Soziologie der Angestellten* (S. 5–7). Köln-Deutz: Bund-Verlag.
McCarthy, E. D. (2006). *Knowledge as Culture. The New Sociology of Knowledge*. London: Routledge.
Mechling, J. (1986). The Jamesian Berger. In J. D. Hunter & S. C. Ainlay (Hrsg.), *Making Sense of Modern Times. Peter L. Berger and the Vision of Interpretive Sociology* (S. 179–220). London: Routledge & Paul.
Merriam, C. E. (1947). From Max Weber; Essays in Sociology by H. H. Gerth; C. Wright Mills. Review. *The American Political Science Review* 41, 150–151.
Merton, R. K. (1953). Foreword. In H. Gerth & C. W. Mills, *Character and Social Structure. The Psychology of Social Institutions* (S. VII-IX). New York: Harcourt, Brace and Company.
Merton, R. K. (1967). Der Rollen-Set: Problem der soziologischen Theorie. In H. Hartmann (Hrsg.), *Moderne amerikanische Soziologie. Neuere Beiträge zur soziologischen Theorie* (S. 255–267), Stuttgart: Kroner.
Merton, R. K. (1968). The Sociology of Knowledge. In Ders., *Social Theory and Social Structure. 3. erw. Aufl.* (S. 510–542), New York.
Meyer, R. (1980). Hans Gerth (24.4.1908 – 29.12.1978). *Kölner Zeitschrift für Soziologie und Sozialpsychologie* 32, 195–198.
Mikl-Horke, G. (2011). Was ist Sozioökonomie? Von der Sozialökonomie der Klassiker zur Sozioökonomie der Gegenwart. In Dies. (Hrsg.), *Sozioökonomie: Die Rückkehr der Wirtschaft in die Gesellschaft* (S. 19–57). Marburg: Metropolis.
Mills, C. W. (1940). Besprechung von „Man and Society in an Age of Reconstruction" von Karl Mannheim. *American Sociological Review 5*, 965–969.
Mills, C. W. (1942). The Nazi Behemoth Dissected. *Partisan Review 9 (September-Oktober)*, 432–437.
Mills, C. W. (1947). Five Publics the Polls Don't Catch. *Labor and Nation 3 (Mai-Juni)*, 17–19.
Mills, C W. (1948a). „Grass-Roots" Union with Ideas. The Auto Workers: Something New in American Labor. *Commentary 5 (März)*, 240–247.
Mills, C. W. (1948b). *The New Men of Power of Men. America's Labor Leader*. New York: Hartcourt, Brace.
Mills, C. W. (1949a). Notes on White Collar Unionism. *Labor and Nation 5 (März-April)*, 17–21
Mills, C. W. (1949b). White Collar Unionism: Labor and Democracy. *Labor and Nation 5 (Mai-Juni)*, 17–23.
Mills, C. W. (1951). *White Collar: The American Middle Classes*. New York: Oxford University Press.
Mills, C. W. (1952). Our Country and Our Culture. *Partisan Review* 19, 446–450.
Mills, C. W. (1953). Introduction to the Mentor Edition. In T. Veblen, *The Theory of the Leisure Class. An Economic Study of Institutions* (S. VI-XIX). New York: Mentor Books.
Mills, C. W. (1954). The Conservative Mood. *Dissent 1 (Winter)*, 22–31.
Mills, C. W. (1955). *Menschen im Büro. Ein Beitrag zur Soziologie der Angestellten*. Köln-Deutz: Bund-Verlag.

Mills, C. W. (1956). *The Power Elite*. New York: Oxford University Press.
Mills, C. W. (1957a). „The Power Elite": Comment on Criticism. *Dissent 4 (Winter)*, 22–34.
Mills, C. W. (1957b). Program for Peace. *The Nation*, 7. Dez. 1957, 419–424.
Mills, C. W. (1957c). L'élite du pouvoir. *Les Temps Modernes 12*, H. 135, 136, 1704–1731, 1943–1971.
Mills, C. W. (1958). *The Causes of World War Three*. New York: Ballantine Books.
Mills, C. W. (1959a). Intellectuals and Russia. *Dissent 6 (Sommer)*, 295–298.
Mills, C. W. (1959b). *The Sociological Imagination*. New York: Oxford University Press.
Mills, C. W. (1959c). *Die Konsequenz. Politik ohne Verantwortung*. München: Kindler.
Mills, C. W. (Hrsg.). (1960a). *Images of Man: The Classical Tradition in Sociological Thinking*. New York: Dell.
Mills, C. W. (1960b). Einleitung. In *Images of Man: The Classical Tradition in Sociological Thinking* (S. 3–17). New York: Dell.
Mills, C. W. (1960c). *Listen, Yankee. The Revolution in Cuba*. New York: Ballantine Books.
Mills, C. W. (1960d). *The Causes of World War Three*. 2. Aufl. New York: Ballantine Books.
Mills, C. W. (1960e). *Les Causes de la 3e Guerre Mondiale*. Paris: Calmann-Levy.
Mills, C. W. (1960f). Dynamics of a Thinker. *New York Times Book Review 68*, 16.
Mills, C. W. (1960g). Listen, Yankee: The Cuban Case against the United States. *Harper's Magazine 222, H. 1327*, 31–37.
Mills, C. W. (1962a). *Die amerikanische Elite. Gesellschaft und Macht in den Vereinigten Staaten*. Hamburg: Holsten-Verlag.
Mills, C. W. (1962b). *The Marxists*. New York: Dell.
Mills, C. W. (1963a). The Structure of Power in American Society. In Ders., *Power, Politics and People. The Collected Essays of C. Wright Mills*. Hrsg. v. und mit einer Einleitung von Irving Louis Horowitz (S. 23–38). New York: Oxford University Press.
Mills, C. W. (1963b). The Political Gargoyles: Business as System of Power. In Ders., *Power, Politics and People. The Collected Essays of C. Wright Mills*. Hrsg. v. und mit einer Einleitung von Irving Louis Horowitz (S. 72–76). New York: Oxford University Press.
Mills, C. W. (1963c). The Trade Union Leader: A Collective Portrait. In Ders., *Power, Politics and People. The Collected Essays of C. Wright Mills*. Hrsg. v. und mit einer Einleitung von Irving Louis Horowitz (S. 77–96). New York: Oxford University Press.
Mills, C. W. (1963d). The Labor Leaders and the Power Elite. In Ders., *Power, Politics and People. The Collected Essays of C. Wright Mills*. Hrsg. v. und mit einer Einleitung von Irving Louis Horowitz (S. 97–109). New York: Oxford University Press.
Mills, C. W. (1963e). The Problem of Industrial Development. In Ders., *Power, Politics and People. The Collected Essays of C. Wright Mills*. Hrsg. v. und mit einer Einleitung von Irving Louis Horowitz (S. 150–156). New York: Oxford University Press.
Mills, C. W. (1963f). Pragmatism, Politics and Religion. In Ders., *Power, Politics and People. The Collected Essays of C. Wright Mills*. Hrsg. v. und mit einer Einleitung von Irving Louis Horowitz (S. 159–169). New York: Oxford University Press.
Mills, C. W. (1963g). The Decline of the Left. In Ders., *Power, Politics and People. The Collected Essays of C. Wright Mills*. Hrsg. v. und mit einer Einleitung von Irving Louis Horowitz (S. 221–235). New York: Oxford University Press.
Mills, C. W. (1963h). Culture and Politics. In Ders., *Power, Politics and People. The Collected Essays of C. Wright Mills*. Hrsg. v. und mit einer Einleitung von Irving Louis Horowitz (S. 236–246). New York: Oxford University Press.

Mills, C. W. (1963i). The New Left. In Ders., *Power, Politics and People. The Collected Essays of C. Wright Mills.* Hrsg. v. und mit einer Einleitung von Irving Louis Horowitz (S. 247–259). New York: Oxford University Press.

Mills, C. W. (1963j). The Competitive Personality. In Ders., *Power, Politics and People. The Collected Essays of C. Wright Mills.* Hrsg. v. und mit einer Einleitung von Irving Louis Horowitz (S. 263–273). New York: Oxford University Press.

Mills, C. W. (1963k). The Middle Classes in Middle-Sized Cities. In Ders., *Power, Politics and People. The Collected Essays of C. Wright Mills.* Hrsg. v. und mit einer Einleitung von Irving Louis Horowitz (S. 274–291). New York: Oxford University Press.

Mills, C. W. (1963l). The Social Role of the Intellectual. In Ders., *Power, Politics and People. The Collected Essays of C. Wright Mills.* Hrsg. v. und mit einer Einleitung von Irving Louis Horowitz (S. 292–304). New York: Oxford University Press.

Mills, C. W. (1963m). The Sociology of Stratification. In Ders., *Power, Politics and People. The Collected Essays of C. Wright Mills.* Hrsg. v. und mit einer Einleitung von Irving Louis Horowitz (S. 305–323). New York: Oxford University Press.

Mills, C. W. (1963n). Mass Society and Liberal Education. In Ders., *Power, Politics and People. The Collected Essays of C. Wright Mills.* Hrsg. v. und mit einer Einleitung von Irving Louis Horowitz (S. 353–373). New York: Oxford University Press.

Mills, C. W. (1963o). The Complacent Young Men. In Ders., *Power, Politics and People. The Collected Essays of C. Wright Mills.* Hrsg. v. und mit einer Einleitung von Irving Louis Horowitz (S. 387–394). New York: Oxford University Press.

Mills, C. W. (1963p). The Big City: Private Troubles and Public Issues. In Ders., *Power, Politics and People. The Collected Essays of C. Wright Mills.* Hrsg. v. und mit einer Einleitung von Irving Louis Horowitz (S. 395–402). New York: Oxford University Press.

Mills, C. W. (1963q). The Cultural Apparatus. In Ders., *Power, Politics and People. The Collected Essays of C. Wright Mills.* Hrsg. v. und mit einer Einleitung von Irving Louis Horowitz (S. 405–422). New York: Oxford University Press.

Mills, C. W. (1963r). Language, Logic and Culture. In Ders., *Power, Politics and People. The Collected Essays of C. Wright Mills.* Hrsg. v. und mit einer Einleitung von Irving Louis Horowitz (S. 423–438). New York: Oxford University Press.

Mills, C. W. (1963s). Situated Actions and Vocabularies of Motive. In Ders., *Power, Politics and People. The Collected Essays of C. Wright Mills.* Hrsg. v. und mit einer Einleitung von Irving Louis Horowitz (S. 439–452). New York: Oxford University Press.

Mills, C. W. (1963t). Methodological Consequences of the Sociology of Knowledge. In Ders., *Power, Politics and People. The Collected Essays of C. Wright Mills.* Hrsg. v. und mit einer Einleitung von Irving Louis Horowitz (S. 453–468). New York: Oxford University Press.

Mills, C. W. (1963u). The Professional Ideology of Social Pathologists. In Ders., *Power, Politics and People. The Collected Essays of C. Wright Mills.* Hrsg. v. und mit einer Einleitung von Irving Louis Horowitz (S. 525–552). New York: Oxford University Press.

Mills, C. W. (1963v). Two Styles of Social Science Research. In Ders., *Power, Politics and People. The Collected Essays of C. Wright Mills.* Hrsg. v. und mit einer Einleitung von Irving Louis Horowitz (S. 553–567). New York: Oxford University Press.

Mills, C. W. (1963w). IBM plus Reality plus Humanism = Sociology. In Ders., *Power, Politics and People. The Collected Essays of C. Wright Mills.* Hrsg. v. und mit einer Einleitung von Irving Louis Horowitz (S. 568–576). New York: Oxford University Press.

Mills, C. W. (1963x). Mass Media and Public Opinion. In Ders., *Power, Politics and People. The Collected Essays of C. Wright Mills*. Hrsg. v. und mit einer Einleitung von Irving Louis Horowitz (S. 577–598). New York: Oxford University Press.

Mills, C. W. (1963y). On Knowledge and Power. In Ders., *Power, Politics and People. The Collected Essays of C. Wright Mills*. Hrsg. v. und mit einer Einleitung von Irving Louis Horowitz (S. 599–613). New York: Oxford University Press.

Mills, C. W. (1963z). *Kritik der soziologischen Denkweise*. Neuwied am Rhein: Luchterhand.

Mills, C. W. (1964a). *Sociology and Pragmatism. The Higher Learning in America*. Hrsg. und mit einer Einleitung von Irving Louis Horowitz. New York: Oxford University Press.

Mills, C. W. (1964b). Methodologische Konsequenzen der Soziologie des Wissens. In *Ideologie. Ideologiekritik and Wissenssoziologie*. 2. erw. Aufl. Hrsg. v. Kurt Lenk (S. 281–296). Neuwied: Hermann Luchterhand.

Mills, C. W. (Hrsg.) (1966a). *Klassik der Soziologie. Eine polemische Auslese*. Frankfurt a. M.: Fischer.

Mills, C. W. (1966b). Die Klassiker. In Ders. (Hrsg.), *Klassik der Soziologie. Eine polemische Auslese* (S. 7–27). Frankfurt a. M.: Fischer.

Mills, C. W. (1966c). *Les cols blancs. Les classes moyennes aux États-Unis*. Paris: Maspero.

Mills, C. W. (1967). *L'imagination sociologique*. Paris: Maspero.

Mills, C. W. (1969). *L'élite du pouvoir*. Paris: Maspero.

Mills, C. W. (1971a). Bibliographical Appendix. In H. E. Barnes & H. Becker (Hrsg.), *Contemporary Social Theory* (S. 889–912). New York: Russell & Russell.

Mills, C. W. (1971b). The Professional Ideology of Social Pathologists. In E. A. Tiryakian (Hrsg.), *The Phenomenon of Sociology. A Reader in the Sociology of Sociology* (S. 219–237). New York: Appleton-Century-Crofts.

Mills, C. W. (1973). *Kritik der soziologischen Denkweise. Sonderausgabe*. Neuwied am Rhein: Luchterhand.

Mills, C. W. (2000a). *Letters and Autobiographical Writings*. Hrsg. v. Kathryn Mills mit Pamela Mills. Berkeley: University of California Press.

Mills, C. W. (2000b). *The Power Elite*. Mit einem neuen Nachwort von Alan Wolfe. New York: Oxford University Press.

Mills, C. W. (2000c). *The Sociological Imagination. 40Th Anniversary Edition*. Mit einem neuen Nachwort von Todd Gitlin. New York: Oxford University Press.

Mills, C. W. (2001). The Theory of the Leisure Class. In I. L. Horowitz (Hrsg.), *Veblen's Century. A Collective Portrait* (S. 107–121). New Brunswick, N.J.: Transaction Publishers.

Mills, C. W. (2002). *White Collar: The American Middle Classes. 50Th Anniversary Edition*. New York: Oxford University Press.

Mills, C. W. (2006). On Knowledge and Power. In A. Etzioni & A. Bowditch (Hrsg.), *Public Intellectuals. An Endangered Species?* (S. 247–258). Lanham: Rowman & Littlefield.

Mills, C. W. (2008a). *The Politics of Truth. Selected Writings of C. Wright Mills*. Ausgewählt und eingeleitet von John H. Summers. New York: Oxford University Press.

Mills, C. W. (2008b). On Latin America, the Left, and the U.S. In Ders., *The Politics of Truth. Selected Writings of C. Wright Mills*. Ausgewählt und eingeleitet von John H. Summers (S. 223–233). New York: Oxford University Press.

Mills, C. W. (2008c). Soviet Journal. In Ders., *The Politics of Truth. Selected Writings of C. Wright Mills*. Ausgewählt und eingeleitet von John H. Summers (S. 235–242). New York: Oxford University Press.
Mills, C. W. (2016). *Soziologische Phantasie*. Hrsg. v. Prof. Dr. Stephan Lessenich. Wiesbaden: Springer VS.
Mills, C. W., & Gerth, H. H. (1963). A Marx for the Managers. In Mills, C. W., *Power, Politics and People. The Collected Essays of C. Wright Mills*. Hrsg. v. und mit einer Einleitung von Irving Louis Horowitz (S. 53–72). New York: Oxford University Press.
Mills, C. W., Senior, C., & Goldsen, R. K. (1950). *The Puerto Rican Journey. New York Newest Migrants*. New York: Harper.
Mills, K. (2013). Foreword. In J. Scott & A. Nilsen (Hrsg.), *C. Wright Mills and the Sociological Imagination. Contemporary Perspectives* (S. XVI-XX). Cheltenham: Edward Elgar.
Mills, K., & Mills, P. (2000). Preface. In Mills, C. W., *Letters and Autobiographical Writings*. Hrsg. v. Kathryn Mills mit Pamela Mills (S. XI-XV). Berkeley: University of California Press.
Moebius, S. (2006). *Die Zauberlehrlinge. Soziologiegeschichte des Collège de Sociologie (1937–1939)*. Konstanz: UVK Verlagsgesellschaft.
Moebius, S. (2010). Medienintellektuelle. In S. Moebius & M. Schroer (Hrsg.), *Diven, Hacker, Spekulanten. Sozialfiguren der Gegenwart* (S. 277–290). Berlin: Suhrkamp
Mommsen, W. J. (1958). *Max Weber und die deutsche Politik 1890–1920*. Mohr: Tübingen.
Müller, H.-P., & Sigmund, S. (2014). Zur Biographie: Person und Werk. In Dies. (Hrsg.), *Max Weber Handbuch. Leben – Werk – Wirkung* (S. 1–29). Stuttgart: Metzler.
Muste, A. J. (1959). C. Wright Mills' Program: Two Views. *Dissent 6 (Frühling)*, 189–191.
Negt, O. (1968). *Soziologische Phantasie und exemplarisches Lernen. Zur Theorie der Arbeiterbildung*. Frankfurt a. M: Europäische Verlagsanstalt.
Nelson, R. D. (1990). *The Reception and Development of the Sociology of Knowledge in American Sociology, 1936–1960*. Ph.D. Dissertation. Toronto.
Nelson, R. D. (2010). Mannheim, Mills, and Merton. The Sociology of Knowledge and Its Ambivalent Reception in America. In J. M. Bryant & Z. Baber (Hrsg.), *Society, History, and the Global Conditions of Humanity. Essays in Honour of Irving M. Zeitlin* (S. 241–260). Lanham: Lexington Books.
Neumann, F. L. (1942). *Behemoth. The Structure and Practice of National Socialism*. New York.
Neumann, F. L. (1953). The Social Sciences. In F. L. Neumann, H. Peyre, E. Panofsky, W. Köhler & P. Tillich, *The Cultural Migration. The European Scholar in America* (S. 4–26). Phiadelphia: University of Pennsylvania Press.
Neumann, S. (1946/47). H. H. Gerth's and C. Wright Mills's From Max Weber. *The Yale Review 36*, 171–174.
Neun, O. (2014). *Daniel Bell und der Kreis der „New York Intellectuals". Frühe öffentliche Soziologie*. Wiesbaden: Springer VS.
Neun, O. (2016a). Der andere amerikanische Max Weber: Hans H. Gerths und C. Wright Mills' *From Max Weber*, dessen deutsche Rezeption und das Konzept der „public sociology". *Berliner Journal für Soziologie 25*, 333–357.
Neun, O. (2016b). Unbekannte Wahlverwandschaften: Die wechselseitige Rezeption von Machtanalysen der Wissenschaft in der kritischen amerikanischen und französischen

Soziologie. In J. Hamann, J. Maeße, V. Gengnagel & A. Hirschfeld (Hrsg.), *Macht in Wissenschaft und Gesellschaft: diskurs- und feldanalytische Perspektiven*, (S. 528–548). Wiesbaden: Springer VS.

Neun, O. (2018). Zum Verschwinden der politischen Soziologie und der Bildungssoziologie Karl Mannheims in der deutschen Nachkriegssoziologie. *Zyklos 4*, 149–181.

Nickel, P. M. (Hrsg.). (2012). *North American Critical Theory after Postmodernism. Contemporary Dialogues. Interviews with Ben Agger, Andrew Arato, Robert J. Antonio, Seyla Benhabib, Craig Calhoun, Nancy Fraser, Douglas Kellner, and Timothy W. Luke*. New York: Palgrave Macmillan.

Nilsen, A. (2007). C. Wright Mills. In J. Scott (Hrsg.), *Fifty Key Sociologists. The Contemporary Theorists*. London: Routledge.

Nyden, P., Hossfeld, L., & Nyden, G. (Hrsg.). (2012). *Public Sociology. Research, Action, and Change*. Los Angeles: Sage.

Oakes, G. (Hrsg.). (2016a). *The Anthem Companion to C. Wright Mills*. London: Anthem.

Oakes, G. (2016b). Introduction. American Faust. In Ders. (Hrsg.), *The Anthem Companion to C. Wright Mills* (S. 1–15). London: Anthem.

Oakes, G., & Vidich, A. J. (1999). *Collaboration, Reputation and Ethics in American Academic Life*. Urbana/Chicago: University of Illinois Press.

Osrecki, F. (2011). *Die Diagnosegesellschaft. Zeitdiagnostik zwischen Soziologie und medialer Popularität*. Bielefeld: transcript.

Packard, V. O. (1957). *The Hidden Persuaders*. New York: McKay.

Packard, V. O. (1959). *Status Seekers. An Exploration of Class Behaviour in America and the Hidden Barriers that Affect You, Your Community, Your Future*. New York: McKay.

Packard, V. O. (1960). *The Waste Makers*. New York: Mckay.

Parsons, T. (1937). *The Structure of Social Action. A Study in Social Theory with Special Reference to a Group of Recent European Writers*. Glencoe, Ill.: Free Press.

Parsons, T. (1947). Introduction. In M. Weber, *The Theory of Social and Economic Organization. Being Part I of Wirtschaft und Gesellschaft*. Revised and translated by Talcott Parsons (S. 1–77). London: William Hodge.

Parsons, T. (1951). *The Social System*. Glencoe, Ill: Free Press.

Parsons, T. (1965). Wertgebundenheit und Objektivität in den Sozialwissenschaften. Eine Interpretation der Beiträge Max Webers. In O. Stammer (Hrsg.), *Max Weber und die Soziologie heute. Verhandlungen des 15. Deutschen Soziologentages* (S. 39–64). Tübingen: Mohr.

Parsons, T. (1993). Introduction. In M. Weber, *The Sociology of Religion. Introduction by Talcott Parsons*. Mit einem neuen Vorwort von Ann Swidler (S. XXIX-LXXVII). Boston: Beacon Press.

Patterson, O. (2007). About Public Sociology. In D. Clawson, R. Zussmann, J. Misra, N. Gerstel, R. Stokes, D. L. Anderton & M. Burawoy (Hrsg.), *Public Sociology. Fifteen Eminent Sociologists Debate Politics and the Profession in the Twenty-first Century* (S. 176–194). Berkeley: University of California Press.

Philipps, D. L. (1974). Epistemology and the Sociology of Knowledge: The Contributions of Mannheim, Mills, and Merton. *Theory and Society* 1, 59–88.

Phillips, W. (1941). The Intellectuals' Tradition. *Partisan Review 8*, 481–490.

Piven, F. F. (2007). From Public Sociology to Politicized Sociologist. In D. Clawson, R. Zussmann, J. Misra, N. Gerstel, R. Stokes, D. L. Anderton & M. Burawoy (Hrsg.), *Public*

Sociology. Fifteen Eminent Sociologists Debate Politics and the Profession in the Twenty-first Century (S. 158–166). Berkeley: University of California Press.

Posner, R. A. (2001). *Public Intellectuals: A Study of Decline*. Cambridge, Mass.: Harvard University Press.

Radkau, J. (2005). *Max Weber. Die Leidenschaft des Denkens*. München: Hanser.

Rieff, P. (1956). Socialism and Sociology. *Partisan Review 23 (Sommer)*, 365–369.

Riesman, D. (1952). Besprechung von „White Collar". *American Journal of Sociology* 57, 513–515.

Riesman, D. (1953): *Thorstein Veblen. A Critical Interpretation*. New York: Charles Scribner's Sons.

Riesman, D. (1995). *Thorsten Veblen*. New Brunswick, N. J.: Transaction Publ.

Riesman, D. (2001). Veblen in the Context of American Culture. In I. L. Horowitz (Hrsg.), *Veblen's Century. A Collective Portrait* (S. 3–15). New Brunswick, N. J.: Transaction Publ.

Riesman, D., Denney, R., & Glazer, N. (1950). *The Lonely Crowd. A Study of the Changing American Character*. New Haven: Yale University Press.

Römer, O. (2015). Die Edition ‚Soziologische Texte'. Ein Beitrag zu einer Geschichte der Soziologie unter verlegerischen Gesichtspunkten. *Zyklos 2*, 223–264.

Rosenberg, B. (1956). „The Power Elite": Two Views. *Dissent 3 (Herbst)*, 390–393.

Scaff, L. (2006). Max Weber's Reception in the United States, 1920–1960. In K.-L. Ay, & K. Borchardt (Hrsg.), *Das Faszinosum Max Weber. Die Geschichte seiner Geltung* (S. 55–89). Konstanz: UVK Verlagsgesellschaft.

Scaff, L. (2011). *Max Weber in America*. Princeton: Princeton University Press.

Scaff, L. (2013). *Max Weber in Amerika*. Mit einem Geleitwort von Hans-Peter Müller. Berlin: Duncker&Humblot.

Schelsky, H. (1975). *Die Arbeit tun die anderen. Klassenkampf und Priesterherrschaft der Intellektuellen*. Opladen: Westdeutscher Verlag.

Schrage, D. (2009). *Die Verfügbarkeit der Dinge. Eine historische Soziologie des Konsums*. Frankfurt a. M.: Campus.

Schumpeter, J. (1942). *Capitalism, Socialism, and Democracy*. New York: Harper.

Scimecca, J. A. (1977). *The Sociological Theory of C. Wright Mills*. London: Kennikat.

Scott, J., & Nilsen, A. (Hrsg.). (2013). *C. Wright Mills and the Sociological Imagination*. Cheltenham: Elgar.

Schapiro, M. (1945). A Note on Max Weber's Politics. *Politics 2*, 44.

Shils, E. (1955). Letter from Milan. The End of Ideology? *Encounter 5 (November)*, 52–58.

Shils, E. (1960). Imaginary Sociology. *Encounter 14 (Juni)*, 77–81.

Shils, E. (1972). The Intellectuals and the Powers: Some Perspectives for Comparative Analysis. In Ders., *Intellectuals and the Powers* and Other Essays. *Selected Papers of Edward Shils, I* (S. 3–22). Chicago: The University of Chicago Press.

Sica, A. (2004). *Max Weber and the New Century*. New Brunswick, N. J.: Transaction Publishers.

Snow, C. P. (1993). *The Two Cultures*. Mit einer Einleitung von Stefan Collini. Cambridge: Cambridge University Press.

Speier, H. (1952). The Historical Development of Public Opinion. In Ders., *Social Order and the Risks of War. Papers in Political Sociology* (S. 323–338). Cornwall. Stewart.

Spindler, M. (2002). *Veblen & Modern America. Revolutionary Iconoclast*. London.

Stein, M., & Vidich, A. (Hrsg.). (1963). *Sociology on Trial*. Englewood Cliffs, New Jersey: Prentice-Hall.

Strübing, J. (2007). Pragmatistisch-interaktionistische Wissenssoziologie. In R. Schützeichel (Hrsg.), *Handbuch Wissenssoziologie und Wissensforschung* (S. 323–338). Konstanz: UVK Verlagsgesellschaft.

Summers, J. H. (2008a). Preface. In Mills, C. Wright, *The Politics of Truth. Selected Writings of C. Wright Mills*. Ausgewählt und eingeleitet von John H. Summers (S. IX-X). New York: Oxford University Press.

Summers, J. H. (2008b). New Man of Power. In Mills, C. Wright, *The Politics of Truth. Selected Writings of C. Wright Mills*. Ausgewählt und eingeleitet von John H. Summers (S. 3–12). New York: Oxford University Press.

Summers, J. H. (2008c). Bibliographical Note. In Mills, C. Wright, *The Politics of Truth. Selected Writings of C. Wright Mills*. Ausgewählt und eingeleitet von John H. Summers (S. 267–268). New York: Oxford University Press.

Summers, J. H. (2008d). The Writings of C. Wright Mills. In Mills, C. Wright, *The Politics of Truth. Selected Writings of C. Wright Mills*. Ausgewählt und eingeleitet von John H. Summers (S. 269–292). New York: Oxford University Press.

Sutter, B. (2012). Wissenschaftssoziologie der Soziologie. In S. Maasen, M. Kaiser, M. Reinhart & B. Sutter (Hrsg.), *Handbuch Wissenschaftssoziologie* (S. 429–441). Wiesbaden: Springer VS.

Swados, H. (1963). A Personal Memoir. *Dissent 10*, 35–42.

Tenbruck, F. H. (1989). Abschied von der „Wissenschaftslehre"? In J. Weiß (Hrsg.), *Max Weber heute. Erträge und Probleme der Forschung* (S. 90–115). Frankfurt a. M.: Suhrkamp.

Tilman, R. (2004). *Thorstein Veblen, John Veblen, C. Wright Mills and the Generic Ends of Life*. Lanham, Maryland: Rowman & Littlefield Publishers.

Trevino, A. J. (2012). *The Social Thought of C. Wright Mills*. Los Angeles: SAGE.

Trevino, A. J. (2017). *C. Wright Mills and the Cuban Revolution. An Exercise in the Art of Sociological Imagination*. Chapel Hill: The University of North Carolina Press.

Trilling, L. (1950). *The Liberal Imagination. Essays on Literature and Society*. New York: Doubleday.

Truninger, S. (2010). *Die Amerikanisierung Amerikas. Thorstein Veblens amerikanische Kulturgeschichte*. Münster.

Turner, B. S. (1994). Lebensphilosophie und Handlungstheorie. Die Beziehungen zwischen Talcott Parsons und Max Weber innerhalb der Entwicklung der Soziologie. In G. Wagner & H. Zipprian (Hrsg.), *Max Webers Wissenschaftslehre. Interpretation und Kritik* (S. 310–331). Frankfurt a. M.: Suhrkamp.

Turner, B. S. (2009). Preface to the New Edition. In M. Weber, *From Max Weber. Essays in Sociology. Translated, edited, with an Introduction by H. H. Gerth and C. Wright Mills* (S. XII-XXXIV). London: Routledge.

Turner, J. (2007). „Is Public Sociology Such a Good Idea?". In L. Nichols (Hrsg.), *Public Sociology. The Contemporary Debate* (S. 263–288). New Brunswick, New Jersey: Transaction.

Veblen, T. (1948). *The Portable Veblen*. Hrsg. und mit einer Einleitung von Max Lerner. New York: Viking Press.

Veblen, T. (1953). *The Theory of the Leisure Class. An Economic Study of Institutions.* Mit einer Einleitung von C. Wright Mills. New York: Mentor Books.
Veblen, T. (1954). *The Higher Learning in America. A Memorandum of the Conduct of Universities by Business Men.* Mit einer Einleitung von David Riesman. Stanford, Cal.: Academic Reprints.
Veblen, T. (1963). *The Engineers and the Price System.* Mit einer Einleitung von Daniel Bell. New York: Transaction Books.
Veblen, T. (1964a). *Absentee Ownership and Business Enterprise in Recent Times. The Case of America.* New York: Kelley.
Veblen, T. (1964b). *The Vested Interest and the Common Man („The Modern Point of View and the New Order").* New York: Kelley.
Veblen, T. (1986). *Theorie der feinen Leute. Eine ökonomische Untersuchung der Institutionen.* Frankfurt a. M.: Fischer.
Veblen, T. (1990). *The Engineers and the Price System.* Mit einer Einleitung von Daniel Bell. New Brunswick, N. J.: Transaction Publishers.
Veblen, T. (2002). *The Vested Interests.* Mit einer neuen Einleitung von Irving Louis Horowitz. New Brunswick, N. J.: Transaction Publishers.
Vester, M. (1964). *Die politische Soziologie von C. Wright Mills.* Frankfurt. Unveröff. Diplomarbeit.
Wallerstein, I. (2007). The Sociologist and the Public Sphere. In D. Clawson et al. (Hrsg.), *Public Sociology. Fifteen Eminent Sociologists Debate Politics and the Profession in the Twenty-first Century* (S. 169–175). Berkeley: University of California Press.
Walter, E. V. (1956). „The Power Elite": Two Views. *Dissent 3 (Herbst),* 393–398.
Weber, M. (1930). *The Protestant Ethic and the Spirit of Capitalism.* Übersetzt von Talcott Parsons. London: Allen & Unwin.
Weber, M. (1951). *The Religion of China: Confucianism and Taoism.* Übersetzt und hrsg. von Hans H. Gerth. Glencoe, Ill.: Free Press.
Weber, M. (1952). *Ancient Judaism.* Übersetzt und hrsg. von Hans H. Gerth und Don Martindale. Glencoe, Ill: Free Press.
Weber, M. (1956b). *Soziologie – Weltgeschichtliche Analysen – Politik.* Mit einer Einleitung von Eduard Baumgarten. Hrsg. und erläutert von Johannes Winckelmann. Stuttgart: Kröner.
Weber, M. (1958a). *The Religion of India: the Sociology of Hinduism and Buddhism.* Übersetzt und hrsg. von Hans H. Gerth. Glencoe, Ill.: Free Press.
Weber, M. (2014). *From Max Weber: Essays in Sociology.* Übersetzt, hrsg. und mit einer Einleitung von H.H. Gerth and C. Wright Mills. Hoboken: Taylor and Francis.
Wheatland, T. (2009). *The Frankfurt School in Exile.* Minneapolis, MN: University of Minnesota Press.
Wreszin, M. (1994). *A Rebel in Defense of Tradition. The Life and Politics of Dwight Macdonald.* New York: Basic Books.
Wrong, D. H. (1950). The Break-UP of the American Family. Not a Dying, But an Evolving Institution. *Commentary 10 (April),* 374–380.
Wrong, D. H. (1956). Power in America. *Commentary 22 (September),* 278–280.
Wrong, D. H. (1959). The Failure of American Sociology. C. Wright Mill's Indictment. *Commentary 28 (November),* 375–380.
Wrong, D. H. (1963). Reading from Left to Right. *Partisan Review* 30, 292–297.

Wrong, D. H. (1990). Imagining the Real. In B. M. Berger (Hrsg.), *Authors of Their Own Lives. Intellectual Autobiographies by Twenty American Sociologists* (S. 3–21). Berkeley: University of California Press.
Wrong, D. H. (2001). C. Wright Mills Recalled. *Society 38, H. 6*, 61–64.
Zapf, W. (1965). *Wandlungen der deutschen Elite. Ein Zirkulationsmodell deutscher Führungsgruppen 1919–1961*. Piper: München
Zaret, D. (1994). Max Weber und die Entwicklung der theoretischen Soziologie in den USA. In G. Wagner & H. Zipprian (Hrsg.), *Max Webers Wissenschaftslehre. Interpretation und Kritik* (S. 332–366). Frankfurt a. M.: Suhrkamp.
Zingerle, A. (1981). *Max Webers Historische Soziologie*. Darmstadt: Wissenschaftliche Buchgesellschaft.
Znaniecki, F. (1940). *The Social Role of the Man of Knowledge*. New York: Carolina University Press.
Znaniecki, F. (1968). *The Social Role of the Man of Knowledge*. New York: Harper & Row.

The manufacturer's authorised representative in the EU is Springer Nature Customer Service Centre GmbH, Europaplatz 3, 69115 Heidelberg, Germany. If you have any concerns regarding our products, please contact ProductSafety@springernature.com

Printed and bound by CPI Group (UK) Ltd, Croydon, CR0 4YY

23/03/2026

02076462-0003